Lino Battiston
Mit Rucksack & Gitarre

Ein herzliches Dankeschön
für die freundschaftliche Unterstützung
bei der Realisation dieses Buches
an Hans-Dieter Eggers und Erich Jacob.

Lino Battiston, 1953 geboren, ist Gitarrist, Komponist und Liedtexter. Neben der Musik gilt seine Leidenschaft dem Wandern. Nach dem Buch »Tage in der Provence«, in dem er mit Kurzgeschichten und instrumentaler Gitarrenmusik auf beigefügter CD von seinen Erlebnissen an der Ardèche in Südfrankreich erzählt, ist seine zweite Publikation dem Wandern gewidmet, inspiriert durch den schottischen Schriftsteller R. L. Stevenson.

Lino Battiston

Mit Rucksack & Gitarre

Auf dem Chemin de R. L. Stevenson
durch die Cevennen

Bibliografische Informaeutschen Nationalbiblio-
thek. Die Deutsche N   othek verzeichnet diese
Publikation in der Deu   ionalbibliografie; detail-
lierte bibliografische   d im Internet über
www.dnb.de abrufbar.

FSC
www.fsc.org
MIX
Papier aus ver-
antwortungsvollen
Quellen
Paper from
responsible sources
FSC® C105338

Herstellung und Verlag:
BoD – Books on Demand, Norderstedt

ISBN 978-3-7322-4343-3

www.stevenson-tour.de

Inhaltsverzeichnis

Vorwort

Es war im Sommer 2010, am zweiten Tag einer Rundwanderung durch die nördlichen Cevennen, als ich zusammen mit einem Freund die ersten Häuser von Le Pont-de-Montvert erreichte.

Über die Hälfte der Tagesetappe war geschafft. Ohne schlechtes Gewissen beschlossen wir, unseren Durst mit einem kühlen Bier zu löschen, das uns von einem freundlichen Kellner unter einer schattigen Platane serviert wurde.

Hier an der alten Brücke, die über den Tarn führt, hätten wir uns noch gerne etwas länger ausgeruht und dem regen Treiben dieses malerischen Dörfchens zugeschaut. Doch ein mühsamer Anstieg bis nach Finiels, einer einsamen Ansiedlung am Fuße des Mont Lozère, war noch zu bewältigen.

Robert Louis Stevenson

Bevor wir uns wieder auf den Weg machten, schlenderten wir durch ein paar Gässchen, vorbei an kleinen Geschäften und Souvenirläden. Hier las ich, an einem Schaufenster verweilend, den Namen »Robert Louis Stevenson«. An diesem Tag dachte ich noch nicht an den berühmten schottischen Schriftsteller, der die Klassiker »Die Schatzinsel« und »Der seltsame Fall des Dr. Jekyll und Mr. Hyde« geschrieben hatte.

Abgebildet auf etlichen Büchern, Wanderführern und Broschüren weckte er mein Interesse. Ein junger Mann mit Hut, Wanderstock und einem Esel an der Leine. Er war mir auf Anhieb sympathisch. Dieser Stevenson musste wohl eine besondere Persönlichkeit gewesen sein, wenn sogar ein Wanderweg nach ihm benannt wurde. Meine Augen leuchteten, als ich sah, dass es hier auch noch ein wunderschönes Klappmesser mit seinen eingravierten Initialen zu erwerben gab. Die Verlockung war groß, es zu kaufen, aber ich widerstand der Versuchung. Wir folgten alsbald dem Wanderweg GR 70 (GR steht für *Grande Randonnée* - Großer Wanderweg, die Nummer für den Stevensonpfad) in Richtung Mont Lozère, dessen rot-weiße Markierung uns nach Finiels führte. Der Name Stevenson ließ mich von jetzt an nicht mehr los und ich nahm mir vor, mich später intensiver mit ihm zu beschäftigen. Damals ahnte ich noch nicht, welche Folgen und Erlebnisse dieser Vorsatz mit sich bringen würde.

Wieder zu Hause las ich alles, was im Internet über Stevenson zu erfahren war. Bei einem kleinen Verlag wurde ich fündig und bestellte mir dort sein faszinierendes Reisetagebuch »Reise mit dem Esel durch die Cevennen«.

Stevenson verließ am 22. September 1878 das Dorf Le Monastier-sur-Gazeille, gelegen im französischen Zentralmassiv der Haute-Loire, etwa 20 km südöstlich von Le Puy-en-Velay, um durch die wilde Gebirgslandschaft der Cevennen gegen Süden zu wandern.

Begleitet wurde er von der störrischen Eselin Modestine, mit der er nach 12 Tagen, etwa 220 km und vielen Abenteuern, am 3. Oktober Saint-Jean-du-Gard erreichte. Ich war begeistert. Für mich stand fest: Die nächste Wanderung wird mich auf den Spuren Stevensons durch die Cevennen führen.

Lino Battiston

Vorbereitung
Von der Planung bis zum Start

»Nun, um eine Fußwanderung richtig genießen zu können, sollte man sie alleine unternehmen. Ist man in einer Gesellschaft oder selbst zu zweit unterwegs, so handelt es sich nur noch um den Namen nach um eine Fußwanderung; es ist etwas anderes, das eher einem Picknick gleicht. Eine Fußwanderung sollte man allein unternehmen, denn Freiheit ist von entscheidender Bedeutung; man muss in der Lage sein, zu verweilen und weiterzugehen, und diesem oder jenem Weg zu folgen, wie es einem gerade in den Sinn kommen möge; und weil man seinem eigenem Rhythmus folgen muss, anstatt hinter einem Meisterläufer einherzutraben oder in den Trippelschritt eines Mädchens zu verfallen. Und dann muss man offen sein für alle Eindrücke und die Gedanken mit dem einfärben, was man sieht. Man muss wie eine Pfeife sein, auf der jeglicher Wind spielen kann.«
(Stevenson)

Klar, ich werde meine Wanderung solo bewältigen. Aber Stevenson hatte zumindest seine Eselin »Modestine« dabei, die er beschimpfen, dirigieren konnte und die ihm auch noch sein Gepäck tragen durfte. Das war ein handfestes Argument für mich, ebenfalls über das Anmieten eines Esels nachzudenken. Diesen Gedanken schlug ich mir aber gleich wieder aus dem Kopf, denn ich konnte mir wirklich nicht vorstellen, mit einem störrischen Esel an der Leine durch die Cevennen zu ziehen. Da die zeitgemäße Hightech-Ausrüstung für Wanderfreunde heute keine Wünsche mehr übrig lässt, trage ich mein Gepäck doch lieber selber. Und mit gebuchten Gepäcktransfer-Wanderungen sind mir, zumindest aus heutiger Sicht, keinerlei Wanderfreuden zu entlocken.

Meine Ausrüstung war schnell zusammengestellt. Einen Satz Wanderklamotten trage ich am Körper, den anderen verstaue ich im Rucksack. Dazu werden Regen- und Fleecejacke, ein Paar Sandalen und Socken gepackt. An Kleinmaterial fehlen jetzt nur noch Trinkbehälter, Taschenmesser, Fotoapparat, GPS (Verlaufen unmöglich), Wanderkarten, Waschbeutel, Handtuch, Blasenpflaster, Fußbalsam, Medikamente und nach reiflicher Überlegung auch ein kleiner zusammenfaltbarer Regenschirm.

Übernachtet wird in Hotels, Pensionen oder Herbergen und gegessen wird in Gasthöfen. Daher sind Schlafsack, Isomatte, Kocher und Zelt sowie der dazugehörige Kram unnötig. Wanderstöcke mag ich sowieso nicht. Und einen Revolver, wie Stevenson ihn in seinem Gepäck mit sich trug, brauche ich hoffentlich auch nicht.

Das war's!
Oder?
Nein, da war noch etwas!

Einen wesentlichen Aspekt bei meinen Wandervorbereitungen habe ich bisher verdrängt. Was mache ich denn drei Wochen ohne meine Gitarre? Seit mehr als vierzig Jahren komme ich kaum länger als ein paar Tage ohne sie aus. Folglich brauchte ich unbedingt eine Reisegitarre, die genau auf diese Wanderung zugeschnitten sein musste. Leicht, klein, wohlklingend und super bespielbar muss sie sein. Selbstverständlich aus massiven Edelhölzern hergestellt. Da bin ich schon etwas verwöhnt.

Gedacht getan. Nach vielen Überlegungen, wie Leichtgewichtigkeit und Ausmaß mit hervorragenden Klangeigenschaften und guter Bespielbarkeit des Instruments verbunden sein könnten, habe ich eine sehr ungewöhnliche Konstruktion entworfen und zu Papier gebracht. Unterstützt durch den fachlichen Rat meines Sohnes, er ist Gitarrenbauer, ging ich guten Mutes an die Arbeit. Mit viel Geduld und dem festen Glauben an das Gelingen ist letztendlich eine wunderschöne kleine, kaum 2 kg schwere Gitarre entstanden, die sich sehen und vor allem hören lassen kann.

So ein edles Schmuckstück braucht natürlich auch einen würdigen Namen, wobei mir die Namenswahl überhaupt nicht schwerfiel. Ich habe sie einfach »Modestine« getauft.

Die exakte Planung einer Wanderung weckt bei den meisten Menschen eine gewisse Vorfreude. So auch bei mir. Ich besorgte mir Wanderkarten im Maßstab 1:25000 und markierte dort die gesamte Route. Da ich die GPS-Daten zur Verfügung hatte, konnte ich die Wanderstrecke auch virtuell am Bildschirm mit Google Earth ablaufen und mir sogar das Höhenprofil anzeigen lassen. Entsprechend meinen geschätzten Kräften legte ich die Länge der Tagesetappen fest.

Die Buchungen der Hotels, Pensionen und Herbergen vorzunehmen, ist durch das Internet heute problemlos geworden. Der Verein »Sur le chemin de R. L. Stevenson« hat sich seit 1994 zum Ziel gesetzt, diesen kulturellen Weg bekannt zu machen und hat Dienstleistungen zusammengestellt, die dem Wanderer bei der Vorbereitung seines Abenteuers zur Verfügung stehen. Der gesamte Weg ist anfangs als GR 430 und später als GR 70 markiert, beginnt in Le Puy-en-Velay und endet nach rund 250 km in Alès. Zwischen diesen Städten besteht eine Bahn- und Busverbindung, wodurch die Rückfahrt zum Ausgangspunkt erleichtert wird.

So, alle Vorbereitungen sind getroffen, ich sehne mich jetzt danach, endlich zu starten.

Le Puy-en-Velay

Le Monastier-sur-Gazeille

I. Etappe

Alès

Warmlaufen

Von Le Puy nach Le Monastier

Am späten Nachmittag, nach sieben Stunden Autobahnfahrt, erreichte ich die Stadt Le Puy-en-Velay im französischen Massif Central. Das Thermometer zeigte bedrohliche 36 Grad an, als mich beim Bummeln durch die wunderschöne Altstadt ein Hauch von Zweifel über die Durchführbarkeit meines Vorhabens beschlich.

Der Gedanke, dass ich bei diesen Temperaturen im Schnitt etwa 25 km täglich wandern sollte, bereitete mir Unbehagen. Bin ich den konditionellen und physischen Anforderungen gewachsen, die rund 250 km der Gesamtstrecke zu bewältigen? Muss ich aufgeben, weil ich mir den Fuß verstauche oder meine Füße wundlaufe? Werde ich krank, bekomme ich Zahnschmerzen? Verliere ich, oder klaut mir jemand mein Geld und alle Papiere? Erreicht mich eine SMS, die mich wieder nach Hause beordert, weil besondere Vorkommnisse dies erfordern?

Und, welchen Komfort bieten die Übernachtungen in den *Chambres d'hôtes*, (Pensionen) *Hôtels* und *Gîtes d'étapes* (Wanderherbergen)? Kann ich mich auf die telefonischen Buchungszusagen verlassen? Wenn nicht, gibt es Alternativen, eventuell eine Übernachtungsmöglichkeit in einer Auberge, oder finde ich zur Not auch Zuflucht in irgendeinem Heuschober?

Dies alles bekümmerte mich, während ich in einem der vielen gemütlichen Straßencafés der Altstadt meinen Espresso schlürfte. Das Ende einer langen Häuserschlucht gestattete mir einen Blick auf die riesengroße, rosarot angemalte Marienstatue mit Kindchen auf dem Arm, die von weither sichtbar auf einem der beiden *Puys* (Basaltspitzen aus kegelförmig erstarrter Lava) über die Stadt wacht. Die 1860 errichtete Statue misst 16 Meter, gegossen aus 213 Kanonen, die 1855 im Krimkrieg bei Sewastopol erbeutet

13

worden waren. Ob diese Dame mir wohl bei meinem Vorhaben beistehen wird?

Blick zur Marienstatue

So saß ich eine Weile in Gedanken versunken, da fiel mir der weise Satz von Dale Carnegie ein: »*Mit den Jahren entdeckte ich schließlich, dass 99 Prozent aller Dinge, über die ich mir Sorgen machte oder vor denen ich Angst hatte, nie passierten.*«

Wie wahr! Warum sollte ich mir eigentlich Sorgen machen. Denn habe ich mir jemals beim Wandern den Fuß verstaucht? Nein! Nun gut, meine Füße hatte ich mir einige Male wundgelaufen, oder eine schmerzende Blase hatte mich dermaßen gequält, dass ich sogar auf das Wandern fluchte. Dagegen habe ich aber diesmal mit Wundsalbe und Blasenpflaster im Gepäck vorgesorgt. Zahnschmerzen? Oh je, oh je, hoffentlich nicht! Irgendeinen Dentisten finde ich bestimmt. Habe ich jemals mein Geld oder meine Papiere verloren? Nein! Man hat mich auch niemals bestohlen oder überfallen.

Ich dachte an eine Textpassage von Stevenson aus seiner Unterhaltung mit einem Kaufmann: »*Irgendetwas kann jederzeit in Deinem Inneren platzen. Damit wärst Du erledigt, und wenn Du Dich dreifach in deinem Zimmer eingeschlossen hättest.*« (Stevenson)

Also, ab sofort ist positives Denken angesagt. Bisher lief doch alles wunderbar.

Die erste Übernachtung fand im Hotel Le Bilboquet statt, in dessen Restaurant ich am Abend aufs Vorzüglichste meinen Gaumenfreuden frönte. Um mein Auto brauchte ich mich auch nicht zu sorgen, denn ich hatte es für die Zeit meiner Wanderung für eine geringfügige Miete in der Hotelgarage sicher abgestellt. Schusters Rappen waren ab sofort mein Transportmittel.

Am anderen Morgen war ich fit und ausgeruht, guter Dinge und voller Tatendrang. Nachdem ich mir ein riesiges Sandwich, belegt mit Schinken, Ei, Salat und Käse in der Altstadt besorgt hatte, startete ich gut gewappnet kurz nach 8.00 Uhr zu meinem ersten Etappenziel. Durch ein Labyrinth von engen Straßen und Gassen schlendernd, fand ich alsbald, dank meines GPS, den Anschluss zu meinem Wanderweg, der mich nach Le Monastiers-sur-Gazeille, dem eigentlichen Startpunkt von Stevensons Wanderreise, führen sollte.

Etwa 150 Höhenmeter mussten bewältigt werden, um zu einem Aussichtspunkt zu gelangen, der mir einen letzten Blick auf die wunderbar erhaltene mittelalterliche Stadt, die Marienstatue und die auf dem zweiten *Puy* thronende Kirche Saint-Michel d'Aiguilhe schenkte. Le Puy ist voller historischer Gebäude. Im Zentrum steht eine eindrucksvolle Kathedrale aus dem 12. Jahrhundert. Die Stadt zählt über 18000 Einwohner, war früher ein bedeutender Wallfahrtsort und ist heute immer noch eine zentrale Anlaufstelle für Jakobspilger.

Kurz darauf bekam ich erstmals einen Esel zu Gesicht, der einsam auf einer Weide stand und graste. Er begrüßte mich, breitbeinig hinter dem Weidezaun stehend, mit Geräuschen, die eher nach den ersten Übungsversuchen eines Anfängers der Trompete klangen, als nach dem schönen »IA« aus dem Lied »Der Kuckuck und der Esel.« Eventuell war der Arme einfach nur erkältet, stand mir aber trotzdem bereitwillig für ein Fotoshooting als Model zur Verfügung.

Zu dem Ort Ours führte ein schmaler, steiniger, leicht ansteigender Weg auf eine offene Weidelandschaft. Dieser Weg war zum Teil mit Weidezäunen und Trockenmauern gesäumt. Eine befestigte Straße brachte mich schließlich nach Coubon in das Tal der Loire.

Es war Mittag geworden, als ich die Loire überquerte, die sich mir hier noch als kleines schmales Flüsschen präsentierte. Jetzt war ich gut eingelaufen und an das Rucksackgewicht gewöhnt. Allerdings schmerzten meine Schultern unter der Last von etwa 12 kg ein wenig im Bereich der Tragegurte. Zum Pausieren hatte ich aber noch keine Lust.

Meine Modestine, die mit einem Expander am Rucksack befestigt war, hatte ich mit einer roten Regenschutzplane zusätzlich gegen die brennend heiße Sonne geschützt. Dem GR 430 folgend wanderte ich nun über eine langweilige Asphaltstraße kontinuierlich talaufwärts.

Ich nuckelte ständig an meinem »Schnuller«, um meinen Durst zu löschen. Übrigens eine geniale Sache. Ein Beutel mit zwei Liter Wasser ist im Rucksack verstaut und mit einem nach außen führenden Trinkschlauch verbunden, der am Tragegurt mit einem Klettband fixiert ist. Eine Art verschließbarer Schnuller am Schlauchende versorgt den durstigen Wanderer mühelos und jederzeit mit dem Beutelinhalt. Einfach klasse. Stevenson, der mit einer stinkenden Lederflasche unterwegs war, wäre neidisch gewesen.

Die Hitze der Straße stieg mir unangenehm ins Gesicht, als ich langsamen Schrittes über den weichen Asphalt wanderte, der an meinen Schuhsohlen festzukleben drohte. Während einer kurzen Verschnaufpause nach vorne blickend, sah ich für heute den ersten Wanderer, der hin und her taumelnd, mit schwerem Rucksack bepackt, sich in kleinen Schritten langsam weiter bewegte. Es sah aus, als wäre er am Ende seiner Kräfte angelangt. Kurze Zeit später, nachdem ich ihn eingeholt hatte, musste ich allerdings überrascht feststellen, dass in der völlig verschwitzen Wanderkluft der Körper einer Frau steckte. Hut ab, dachte ich bei mir. Sie hatte bestimmt auch Stevenson gelesen, der das Alleinwandern beschwört. Ein freundliches Lächeln aus verschwitzten Gesichtern und ein kurzatmiges »Bonjour« wurden ausgetauscht und nach einem aufmunternden »Bonne marche« (Gutes Wandern) fand jeder wieder seinen Schritt. Nicht der richtige Ort und der richtige Zeitpunkt zum Plaudern.

Das Thermometer zeigte an diesem Tag sicherlich über 35 Grad an. Der Schweiß brannte in meinen Augen, als ich die Anhöhe erreichte. Etwas abseits des Weges erblickte ich einen Schatten spendenden Baum, eine kleine Eiche. Gelegenheit zu einer Pause. Ich war gut in der Zeit, womit einer längeren Rast nichts im Wege stand. Ich verdrückte genüsslich die Hälfte meines Sandwichs und gönnte mir danach mit ausgestreckten Beinen, Rucksack im Nacken, ein kleines Nickerchen, umringt vom Zirpen und Summen der Insekten und dem Duft der Sommerwiese. Ein angenehmes Gefühl.

Ein Wanderer kam strammen Schrittes die Anhöhe herauf, der, seiner Ausrüstung nach zu urteilen, nicht nur eine Tagestour unternahm. Der Mann in mittlerem Alter schien gut trainiert zu sein. Seine kräftigen Hände waren in Brusthöhe fest in die Tragegurte seines Rucksacks gekrallt, während die muskulösen Beine, die aus einer kurzen Hose herausragten, einen Fuß nach dem anderen in flotter Folge roboterartig voreinander setzten. Diesen Wanderstil würde ich eher als Marschieren bezeichnen. Froh, nicht sein Begleiter sein zu müssen, dachte ich an Stevensons Worte: *»Um eine Fußwanderung richtig genießen zu können, muss man seinem eigenen Rhythmus folgen, anstatt neben einem Meisterläufer einherzutraben«*.

Er löste kurz seine Hand zum Gruße vom Tragegurt, während er zielstrebig weiter marschierte.

Bald danach erreichte auch die Wanderin sichtlich erleichtert die Ebene. Sie winkte mir gutgelaunt zu und fragte mich im Vorbeigehen:

»Faites-vous une petite pause«? (Machen Sie eine kleine Pause?)

»Non, je fais une grande pause. J'ai assez du temps«. (Nein, ich mache eine große Pause. Ich habe genug Zeit.) antwortete ich.

»Mon chemin est encore étendu.« lachte sie. *»Au revoir et beaucoup de bonheur.«* (Mein Weg ist noch weit. Auf Wiedersehen und viel Glück.)

Ich schwenkte meinen Hut: *»Pour vous aussi, Madame. Au revoir!«* (Für Sie auch, Madame. Auf Wiedersehen.)

Dann kehrte sie mir auch schon den Rücken und wanderte weiter. Ich hingegen befreite meine Modestine, die sich bisher weder bockig noch störrisch hatte tragen lassen, von der Regenschutzplane und ihrer dick gepolsterten Tragetasche. Nachdem ich sie gestimmt hatte, zupfte ich noch ein Weilchen auf ihr herum, worüber sie sich freute. Derweil verschwand die Wanderin langsam in der Ferne.

Eine langweilige, mit Schotter befestigte Straße führte über offenes ebenes Gelände, vorbei an Weidezäunen und vereinzelten Gehöften. Die Sonne brannte erbarmungslos. Ich sparte nicht an Sonnencreme und rückte meinen Hut tief in die Stirn, wodurch ich im Gegenzug meinen Nacken mit einem Halstuch schützen musste. Zwischendurch nuckelte ich an meinem Schnuller, fotografierte ein paar Kühe auf der Weide oder ein paar Mohnblumen am Wegesrand. Sogar mein eigener Schatten konnte dem Fokus meines Objektivs nicht entrinnen.

So erreichte ich den kleinen Ort L'Herm, der mir einen exzellenten Empfang bereitete. Ein aus Vulkansteinen gemauerter Brunnen, aus dessen Rohr ein dicker Strahl drei Tränken mit klarem kühlem Wasser füllte, zog mich magisch an. *»Eau potable«* stand auf einem Schild. Rasch entledigte ich mich meines Hutes, der Brille und des Rucksacks, kniete vor der ersten Tränke nieder und tauchte meinen Kopf komplett in das kühle Nass. Hoffentlich hat mir niemand bei dieser doch etwas seltsamen Aktivität zugeschaut. Aber weit und breit war keine Menschenseele zu sehen. Die Dorfbewohner hielten offenbar alle ihr Mittagsschläfchen. Eine echte Wohltat verspürte ich, als ich mit gespreizten Fingern meine Haare nach hinten kämmte und mir das abtropfende Wasser erfrischend über den Rücken lief.

Der Überlauf der dritten Tränke mündete in einen breiten Waschbrunnen. Hier hockte ich mich hin und aß den Rest meines Sandwichs.

Dabei erinnerte ich mich an einen Aufenthalt im Jahre 1985 in Tbilissi, der Hauptstadt Georgiens. Es war die Zeit Michail Gorbatschows, der versuchte, mit »Perestroika« und »Glasnost« die Sowjetunion zu erneuern, letztendlich aber ihren Zerfall bewirkte. Seine Reformen führten schließlich auch zum innerdeutschen Mauerfall. Ich hatte damals die Gelegenheit, an einem Markttag den gregorianischen Bauern beim Anbieten ihrer Produkte zuzuschauen. Ihre Verkaufsstände waren im Schatten der Bäume einer langen Allee aufgebaut. Plötzlich ein Klatsch auf meiner Stirn, dann ein Fließen über Augen, Nase, Mund bis hin zu meinem Kinnbärtchen, das die Flüssigkeit abbremste, bevor sie weiter auf mein Hemd tropfte. Ein ekelhafter, beißend-stinkender Duft stieg mir sofort in die Nase. Ich würgte und hätte mich fast übergeben, als über mir eine Taube, die ihren Dünnschiss entsorgt hatte, ihre Baumtoilette verlies und davonflog. In der Not tauchte ich meinen Kopf mehrmals bis zu den Schultern in das Becken eines nahegelegenen Brunnens. Dabei war es mir völlig egal, ob es sich hierbei um Trinkwasser handelte oder nicht. Aber erst später, nach dreimaligem Duschen, war ich von dem äußerst unangenehmen Gestank befreit. Mein Hemd landete sofort im Müll.

Heute, die »Brunnenkopftaucherlebnisse« vergleichend, bin ich mir sicher – ich werde sie beide nie vergessen.

Am späten Nachmittag erreichte ich Le Monastier-sur-Gazeille, mein erstes Etappenziel und den Ausgangspunkt von Stevensons Reise. Unweit des Ortseinganges sichtete ich wieder den strammen Wandersmann und die Wanderin, von denen ich später erfuhr, dass sie François und Bernadette heißen. Sie lagen ausgestreckt auf einer Wiese im Schatten eines Busches. Nanu, hatten die beiden sich etwa gegen Stevensons Rat zusammengetan? Sie erzählten mir, dass ihre *Gîte d'étape* noch verschlossen sei und sie mit einem Schläfchen die Wartezeit zu überbrücken suchten. Weder ein Bistro noch irgendein geöffnetes Restaurant hatten sie entdeckt. Nachdem wir festgestellt hatten, dass wir uns irgendwann irgendwo bestimmt wiedersehen würden, machte ich mich auf die Suche nach meiner *Auberge*.

Die schmale Straße, die quer durch den Ort führte, war eine einzige Baustelle. Bagger und Planierraupe waren in Aktion. Außer den Arbeitern, die ihre lärmenden Maschinen bedienten, war niemand zu sehen, den ich hätte nach dem Weg fragen können. Hilfe fand ich in einer *Boulangerie*. Die freundliche Verkäuferin erklärte mir, dass die Auberge am anderen Ende des Ortes am *Rond-point*, einem Kreisel, zu finden sei.

Das Schotterbett der Straße war kaum begehbar, so dass mir keine andere Wahl blieb, als über die bereits verlegten Rinnsteine zu balancieren, vorbei an langen Häuserfronten alter Bausubstanz, die von einer wesentlich besseren Epoche herrühren mussten. Als Stevenson sich hier aufhielt, um seine Reise vorzubereiten, war Le Monastier eine blühende Ortschaft in der *Haute-Loire*. Nachzulesen in der Erzählung: »Eine Stadt in den Bergen«. Heute sind an vielen Häusern Schilder mit der Aufschrift *»A vendre«* (zu verkaufen) angebracht, oder sie stehen leer.

Trotzdem besitzt dieser Ort einen natürlichen Charme, den ich ganz besonders später beim Abendspaziergang in Nebenstraßen und Gässchen verspürte, die durch etliche Laternen in ein warmes Licht getaucht wurden. Im Umfeld des Klostergebäudes, das wie eine Festungsanlage aussieht und fast schon bedrohlich wirkt, sind die grauen Häuserfronten hier und da durch bunte Blumenbänke ihrer Tristheit beraubt. Ein neben einer Eingangstür an zwei Kettchen hängendes Malbrett weist auf ein Künstleratelier hin und der reichlich mit Blumentöpfen dekorierte Dorfbrunnen mit Waschhaus lädt zum Verweilen ein.

In der Nähe der Post fand ich Stevensons Denkmal. An einem quadratischen Steinblock ist eine Marmortafel befestigt, in die mit eingravierter goldfarbener Schrift an seine historische Reise erinnert wird.

D' ICI PARTIT
LE 22 SEPTEMBRE 1878
ROBERT-LOUIS STEVENSON
POUR SON VOYAGE
A TRAVERS LES CEVÉNNES
AVEC UNE ANE

HIER STARTETE
AM 22. SEPTEMBER 1878
ROBERT-LOUIS STEVENSON
SEINE REISE DURCH DIE CEVENNEN
MIT SEINER ESELIN.

Stevensons Denkmal in Le Monastier-sur-Gazeille

Le Puy-en-Velay

Le Monastier-sur-Gazeille

Le Bouchet-St-Nicolas

2. Etappe

Alès

Auf einsamen Wegen

Von Le Monastier nach Le Bouchet

»Vom Kirchturm in Le Monastier schlug es neun, als ich die Anfangssorgen los war und über die Gemeindewiese den Hügel hinabschritt.« (Stevenson)

Begleitet von leichtem Nieselregen startete ich, etwa um die gleiche Zeit wie damals Stevenson, an dessen Denkmal. Der Weg führte allerdings nicht mehr über die Gemeindewiese, sondern über eine asphaltierte Straße hinab ins Tal. Auch ich war die Anfangssorgen los, freute mich auf den Tag und war voller Zuversicht, auch das heutige Etappenziel problemlos zu meistern. Bald überquerte ich das kleine Flüsschen Gazeille. Ein großes ovales Schild, auf dem die Porträts von Stevenson mit seiner Eselin zu sehen waren, wies mir den leicht ansteigenden Weg in ein Wäldchen. Auf halber Höhe gestattete mir eine kleine Lichtung noch einen letzten Blick auf die in Dunstschleier gehüllten Häuser von Le Monastier.

Sollte es wohl hier gewesen sein, wo Stevenson auf seine störrische Eselin Modestine mit einer Gerte eingedroschen hatte, um sie zum Weitergehen zu bewegen? *»Mein Arm schmerzte wie Zahnweh von dem unablässigen Prügeln«*, erzählte er. Da war meine Modestine, die am Rucksack klammernd, gut verpackt und wohlbehütet träumte, gegenüber seiner Eselin sehr zu beneiden. Aber was macht man nicht alles für seinen Liebling. Die rund 2 kg an zusätzlichem Gewicht zu schultern, nahm ich gerne in Kauf. Dafür half sie mir beim Abtauchen in die Tiefen des Wanderglücks, wenn ich allabendlich, oder auch mal zwischendurch, über ihre Saiten streichen durfte. Wandern und Gitarre gehören für mich seit eh und je zusammen.

Schwitzend erreichte ich an diesem schwülwarmen Vormittag eine Anhöhe, von wo aus sich eine leicht hügelige sattgrüne Weidelandschaft vor mir ausbreitete. Weiße Dunst- und Nebelschleier hingen über den Feldern und sammelten sich in den Tälern zu kleinen Seen. Ich wanderte über rote Erde, vorbei an Zäunen, Trockensteinmauern und vereinzelten Bäumen, die wie versteinert, völlig reglos am Wegesrand standen. Nicht einmal der kleinste Windhauch war zu verspüren, der ihre Blätter hätte bewegen können. Nur ein paar Milchkühe, die wiederkäuend hinter dem Stacheldrahtzaun auf der Weide lagen, drehten sich müde nach mir um. Während meine Blicke über ein stilles, unwirkliches, fast wie ein Gemälde aussehendes Landschaftsbild schweiften, kehrte eine tiefe Ruhe und Gelassenheit in mir ein. Zeit für Gedanken.

»Der Anblick des ruhenden Landes tut ihm in der Seele wohl. Etwas Besseres als Musik liegt in dieser weiten, ungewohnten Stille, und sie stimmt ihn auf freundliche Gedanken ein, so wie das Murmeln eines Baches oder die Wärme des Sonnenscheins.« (Stevenson)

Weidelandschaft auf dem Weg nach Le Cros

So wanderte ich, den leisen Regen ignorierend, gemächlich in zufriedener und froher Gemütslage weiter. Der Weg führte mich an kleinen Häuseransammlungen und einsamen Bauernhäusern vorbei. Ich genoss das Alleinwandern und freute mich über die freilaufenden glücklichen Hühner, die scharrend und gackernd am Straßenrand pickten, oder über Pferd und Esel, die in Eintracht eine große Koppel teilten. Nur einmal bekam ich einen Menschen, einen greisen Mann zu Gesicht, der in seinem Gemüsegarten stand und mir neugierig, mit beiden Händen auf seine Hacke gestützt, nachblickte.

In Le Cros, einem Dörfchen unweit von St-Martin-de-Fugères gelegen, fand meine Seelenruhe ein jähes Ende. Plötzlich kam aus einer offen stehenden Stalltür, ein laut bellender Hund von nicht geringer Größe auf mich zugehetzt. In wenigen Sekunden hatte er mich erreicht und schien bereit, mir an die Kehle zu springen. Sein schmutziges schwarzes Fell interessierte mich weniger, als sein furchterregendes, mit scharfen Zähnen bestücktes Maul, aus dessen Schlund mir eine Mischung aus Gebell, Geknurre und Gefauche unaufhörlich entgegenschlug. Ich vermied es ihm in die Augen zuschauen. Man sagt ja, das mache Hunde nur noch aggressiver. In diesem Moment stellte ich das Alleinwandern in Frage und schaute hilfesuchend in Richtung Hofgebäude, von wo aus ich einen Pfiff oder ein »*Arrête, viens!*« (Halt, komm her!) zum Zurückbeordern des Hundes erhoffte. Aber nichts geschah. Vermutlich versteckte sich jemand hinter einem Fenster und genoss voller Schadenfreude meine missliche Lage. Mir blieb keine andere Wahl, als vorsichtig weiterzugehen, ohne dem Hund meine Angst zu zeigen. Am Ortsausgang ließ er endlich von mir ab.

Nachdem ich mit lauten Selbstgesprächen beruhigend auf mich eingeredet hatte, fand ich bald wieder zu meinem gewohnten Wanderrhythmus zurück.

Apropos Alleinwandern. Schon in jungen Jahren faszinierte mich das Alleinwandern und war meine bevorzugte Wandermethode, die ich vornehmlich im Pfälzerwald praktizierte. Manchmal war ich aber auch mit einem Wanderkumpan unterwegs. Eines Tages änderte sich das, und ich entdeckte die Provence als mein neues Wandergebiet.

Zusammen mit Freunden organisierte ich dort urige Wandertouren mit Rucksack, Zelt und Gitarre. Unsere tägliche Wanderzeit lag selten unter sechs Stunden. In der Freiluftküche versuchte jeder, mit seinen Kochkünsten zum Gelingen eines schmackhaften Abendessens beizutragen. Übernachtet wurde mit Isomatte und Schlafsack auf dem Boden unserer achteckigen schwarzen Jurte (traditionelles Rundzelt der Nomaden), die für zehn müde Wanderer völlig ausreichte. Manchmal wurde auch wild kampiert und am Lagerfeuer geschlafen, was mir heute noch im Nachhinein gelegentlich ein schlechtes Gewissen bereitet. Höhepunkte waren immer die gemeinsamen Singabende. Mit diesem Konzept haben wir viele Jahre lang die reizvollsten Landstriche Südfrankreichs durchstreift. Eine schöne Zeit.

Mit dem Älterwerden schlichen sich von Mal zu Mal kleine Veränderungen ein, die unsere Touren komfortabler gestalteten. So schliefen wir nach und nach, einer nach dem anderen, nicht mehr auf dem Boden, sondern auf Feldbetten. Für manch Bandscheibengeschädigten eine Wohltat. Nach demokratischer Abstimmung verkürzte sich die maximale Wanderzeit drastisch auf etwa vier Stunden, während sich die Restaurantbesuche häuften, was die Küchendienstler wiederum freute. »In unserem Alter darf man sich ruhig einmal etwas gönnen«, war der einhellige Tenor. Später bedurfte es auch keiner langen Diskussion mehr, um das Feldbett in der Jurte dem warmen Bett in einer Herberge vorzuziehen. Am besten wäre jedoch ein großes Anwesen, mit mehren Bädern, Toiletten und als Highlight einem Pool im Garten. Und so kam es auch, denn Veränderungen fallen nicht immer schwer.

Nicht nur unser Wanderkonzept hatte sich so nach und

nach verändert, sondern auch unsere Gesprächsthemen. Thema Nummer eins wurden »Krankheiten«. Es ging um Bluthochdruck, Prostata, Darmspiegelung, Bandscheibenvorfall, Kniegelenkoperation, Leberwerte, Kreislaufprobleme, Potenz und so weiter und so fort. Jeder hatte darüber, etwas zu erzählen. So ist das nun mal ab einem bestimmten Alter. Auch das Thema Rente lieferte jede Menge Gesprächsstoff. Da wurden die Jahre und Tage bis zur Verrentung gegeneinander aufgerechnet. Es ging um Vorruhestand, Abfindung, Teilzeitregelung, Überbrückungsgeld, Renteneintrittsalter, Beamten- und Politikerpensionen, Rentenkürzungen und alles, was noch dazugehört. Auch die Politik wurde ein Lieblingsthema. Diskussionen, oft sehr konträr geführt, drohten gelegentlich zu eskalieren. Das war dann nicht mehr so schön.

Schließlich war auch bei uns der Siegeszug der Trekkingstöcke nicht mehr aufzuhalten. Durch ihren Einsatz erhofften einige meiner Wanderfreunde, Rücken und Gelenke zu schonen und beim Bergauf- und Bergabwandern eine bessere Verteilung ihrer Kräfte zu erreichen. Ich sagte ihnen, dass ich von diesen Geh-Hilfen überhaupt nichts halte, und auf das Wandern lieber verzichten würde, als in Zukunft vierbeinig durch die Schluchten der Provence zu ziehen. Darüber hinaus nerve mich das Geklapper der Stöcke insbesondere dann, wenn in den kleinen südfranzösischen Dörfern einmal Pflasterstraßenwandern angesagt ist. Abgesehen davon könne ich mir vorstellen, dass wir gegenüber den Dorfbewohnern auch ziemlich lächerlich aussähen. Ich versuchte noch mit einer Aussage von Dr. Rainer Brämer, einer der Gründer des Deutschen Wanderinstituts, zu punkten: *»Zwar hat der Stock beim Wandern durchaus Tradition, aber er diente in früheren Zeiten eher dem Schutz vor Dorfhunden, anderem Getier oder unangenehmen Zeitgenossen.«* (Deutsches Wanderinstitut, Profilstudie Wandern - 08) Trotzdem, keine Chance, das Stockwandern war nicht mehr zu stoppen.

»Jeder soll den Weg gehen, der der seine ist.« (Albert Schweitzer)

Um die Mittagszeit erreichte ich St-Martin-de-Fuères. Im Dorfzentrum erinnert ein blumengeschmücktes Kriegerdenkmal, mit einem steinernen Soldaten und bewacht von zwei Feldkanonen, mit einer Gedenktafel für die Gefallenen des Krieges von 1914 - 1918. In unmittelbarer Nähe steht die Kirche, die Stevenson, als er dieses Dorf passierte, so beschreibt: *»Die Kirche war überfüllt, Leute knieten draußen auf den Stufen, und der Gesang des Priesters drang aus dem schummrigen Innern ins Freie.«* Ich hingegen hatte hier bisher noch keine Menschenseele entdeckt. Nicht einmal ein Hund kam mir hinterhergehetzt, was mich aufgrund meines Erlebnisses am Vormittag auch nicht traurig stimmte. Das kleine Café gegenüber, auf dessen Terrasse ein großes verziertes Kreuz steht, war verschlossen. Keine Chance auf einen frischgebrühten Kaffee.

Der Himmel hatte sich ein wenig aufgehellt und ich war guter Dinge, bald einen angenehmen Rastplatz am Wegesrand zu finden. Froh, dieses trostlose Dorf hinter mir zu lassen, zog ich frohen Mutes weiter. Schmale Feldwege führten mich vorbei an gemähten Wiesen, Getreidefeldern und endlosen, eingezäunten Weiden in Richtung Goudet.

»In dieser frohen Stimmung kam ich den Hügel hinunter, wo Goudet am Ende eines grünen Tales liegt, mit dem Château Beaufort gegenüber auf einer felsigen Anhöhe und dem Fluss, kristallklar, in einer tiefen Senke dazwischen. Oberhalb und unterhalb kann man ihm lauschen, wie er über die Steine plätschert, ein niedlicher Knirps von einem Fluss, den Loire zu nennen absurd erscheint.« (Stevenson)

Bessere Worte hätte ich nicht finden können, um meinen Eindruck beim Blick hinunter ins Tal von Goudet zu beschreiben. Hier war der ideale Platz zum Rasten.

In dem Dorf, das heute etwa sechzig Seelen zählt, erwarteten mich wieder etliche leerstehende, zu verkaufende oder verschlossene Häuser. Ein kleines Reihenhaus jedoch fiel mir wegen seines bunten Vorgartens, der liebevollen Blumendekorationen an den Fenstern, der blauen Holzklappläden und der mit Holzschnitzereien verzierten Haustür angenehm ins Auge. In der Absicht, dieses märchenhafte Bild einzufangen, zückte ich meinen Fotoapparat. Den Zeigefinger schon am Auslöser wurde plötzlich die Gardine eines Fensters zur Seite gerissen. Eine alte Frau erschien. Ihr bösartiger Blick erinnerte mich sofort an die halbblinde Hexe aus dem Märchen »Hänsel und Gretel« der Gebrüder Grimm. Erschrocken brach ich mein Vorhaben ab und machte mich schleunigst aus dem Staub.

Auf meiner Wanderung überquerte ich zum zweiten Mal die Loire, die hier in einer naturbelassenen Schleife, gebremst von kleinen grünen Inseln und Kiesbänken, fließt. Etwas unterhalb der Brücke befindet sich ein kleiner Campingplatz, auf den sich ein paar Wohnmobile verirrt hatten.

Ortsausgangs, mitten auf der Landstraße, kam mir plötzlich in wilder Flucht ein schwarzes Schaf entgegen, verfolgt von einem pflichteifrigen Schäferhund. Ohne Notiz von mir zu nehmen, schossen die beiden vorbei. Ihr Schäfer, ein bärtiger Mann, lehnte weiter oben gelangweilt an seinem Geländewagen. Zu Stevensons Zeiten wäre es wohl ein Eselskarren gewesen. Genüsslich an einer Zigarette saugend, voll auf den Erfolg seines treuen Gefährten vertrauend, wartete er ab. Das war zeitgemäßes Schäferleben.

Während des langen steilen Anstieges zum Dorf Ussel setzte starker Regen ein, sodass ich diesen beschwerlichen Weg auch noch mit meinem kleinen Regenschirm in der Hand gehen musste. Trotzdem war ich nach kurzer Zeit völlig durchnässt. Endlich verlief der Weg weniger anstrengend, und ich war froh, am späten Nachmittag meine Auberge in Le Bouchet-St-Nicolas zu erreichen.

Der freundliche Wirt zeigte mir meine Unterkunft auf der ersten Etage. Überrascht von dem großen Zimmer fand ich ein bequemes Bett, ein feudales Bad und einen rustikalen Schreibtisch mit Sessel vor. Donnerwetter, dachte ich bei mir, so ein Quartier findest Du nicht alle Tage, zumal ich aufgrund des moderaten Pensionspreises etwas Anderes erwartet hätte.

Stevenson hatte damals weniger Glück und beschrieb seine Herberge so:

»Die Auberge von Le Bouchet-Saint-Nicolas gehört zu den anspruchslosesten, in die ich je eingekehrt bin. Man stelle sich ein zweigeschossiges Bauernhaus mit einer Bank vor der Tür vor; Küche und Stall liegen in einer Flucht, so dass Modestine und ich einander beim Essen zuhören konnten.« Und weiter: *»Im Schlafraum standen zwei Betten. Eines davon war für mich, und ich muss gestehen, dass ich etwas verlegen war, als ich einen jungen Mann, seine Frau und ihr Kind im Begriff fand, in das andere zu steigen. Ich behielt meine Augen für mich und weiß nichts von der Frau, als dass sie schöne Arme hatte.«* (Stevenson)

Auf die Frage, ob dieses Haus heute noch existiert, entgegnete der Wirt, es gäbe da leider nur Vermutungen.

Inzwischen regnete es in Strömen. Statt des geplanten Dorfspaziergangs machte ich mich daran, meine Kleider und Wanderschuhe zu trocknen, duschte und ruhte mich ein wenig aus. Die Zeit bis zum Abendessen überbrückte ich klangvoll mit meiner geliebten Modestine.

Das wohlschmeckende einfache Menü, zubereitet und von der Wirtin persönlich serviert, bestand aus drei Gängen und einem halben Liter Rotwein. Die gesprächige Wirtin ließ mich wissen, dass ich heute der einzige Gast, die Auberge aber im Monat September komplett ausgebucht sei. Ihre Gäste, ausschließlich Wanderer auf dem *Chemin de Stevenson*, kämen meistes aus England, wenige aus Frankreich und ganz selten aus Deutschland. Und wie wird das Wetter morgen? *»Demain, ce sera beau!«* Schönes Wetter, das freute mich, zu hören.

Bevor ich zu Bett ging, ließ ich den Tag noch einmal Revue passieren. Wie jeden Abend las ich noch eine Weile in meiner Gutenachtlektüre, Stevensons Reisetagebuch, voller Erwartung auf die Erlebnisse der nächsten Etappe.

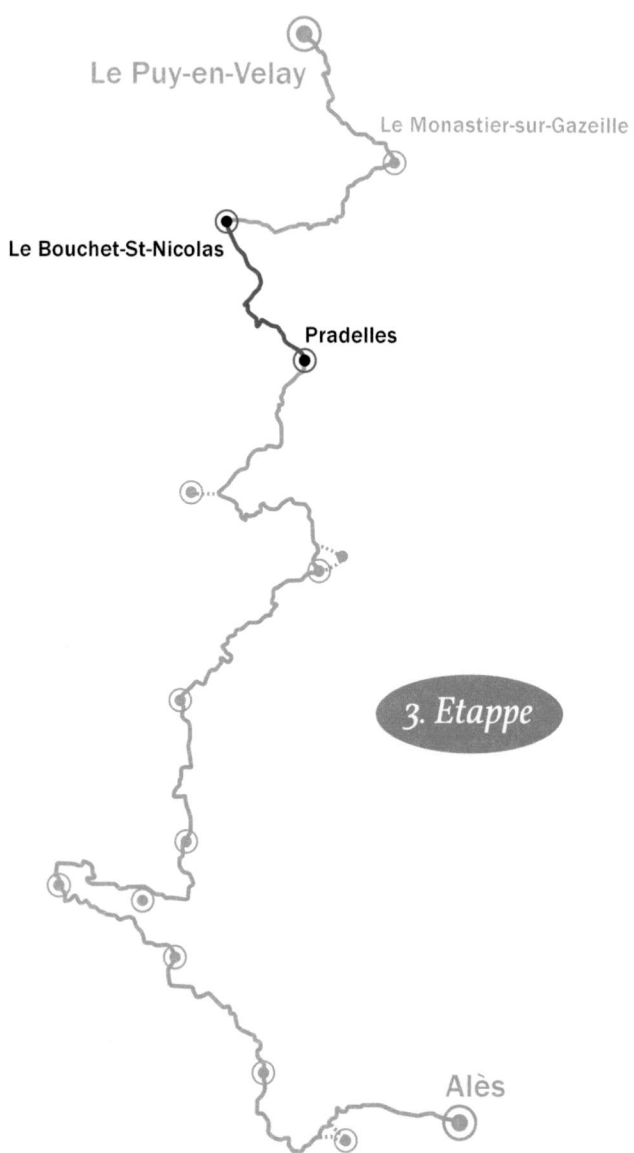

Le Puy-en-Velay

Le Monastier-sur-Gazeille

Le Bouchet-St-Nicolas

Pradelles

3. Etappe

Alès

Seeblick

Von Le Bouchet nach Pradelles

Das Frühstück fiel auf dieser Wandertour für deutsche Verhältnisse eher bescheiden aus. Es gab *Café au lait* oder Tee, oft aufgebackenes Baguette vom Vortag, Butter, Marmelade und Honig, serviert mit einer Serviette und einem Messer. Ein knuspriges *Croissant* blieb meistens nur Wunschdenken. Dafür waren die Lunchpakete, die ich abends zuvor bei meinen Gastgebern zu einem günstigen Preis bestellte, um so üppiger. Mit Butter, Käse, Schinken, Obst, Salaten, Müsliriegel und öfters auch mit leckeren Resten vom Vorabendmenü gefüllt, brauchte ich mich nie um die Tagesverpflegung zu sorgen. So war es auch heute. Nachdem ich ein dickes Paket in meinem Rucksack verstaut hatte, machte ich mich auf die Socken.

Eine große, in einen dicken Holzstamm geschnitzte Figur, die Stevenson mit seiner Modestine darstellt, zeigte mir den Weg über das Hochplateau von Le Bouchet-St-Nicolas nach Landos. Das Plateau, gelegen auf etwa 1200 Metern, ist geprägt von weiten Getreidefeldern, Wiesen und kleinen Hügeln. Ein kühler Wind begleitete mich an diesem Morgen auf einer schnurgeraden ebenen Straße nach Südosten. Die sich auflockernden Wolkenfelder ließen ab und zu wärmende Sonnenstrahlen durchscheinen. Der Wettervorhersage meiner letzten Gastgeberin Glauben schenkend, stimmte ich mich auf einen schönen Tag ein.
Bald war ich wieder der einsame Wanderer, der genießend, lachend, singend und pfeifend unterwegs war, wissend, dass der Weg das Ziel ist. Das gemächliche Alleinwandern am dritten Tag dieser Tour hatte mich wie von selbst von allem überflüssigen Gedankenballast befreit und zu neuem Wanderglück geführt. Ich hatte alle Zeit für mich allein, fotografierte Klatschmohn, Distel- und Löwenzahn-

blüten, Korn- und Pusteblumen am Wegesrand. Dann kniete ich, trotz der Last meines schweren Rucksacks, auf den Boden nieder, um Nahaufnahmen von emsigen Bienen bei ihrer Arbeit zu schießen.

Langsam glitt ich in ein Gefühl tiefer Zufriedenheit, das ich unbedingt festhalten wollte. Also platzierte ich den Fotoapparat auf dem Pfosten eines Weidezauns. Skeptisch, über das Gelingen, betätigte ich den Selbstauslöser. Nach dem dritten Versuch in die richtige Position zu eilen, glückte mir endlich eine Aufnahme, die meine Gemütsverfassung treffend widerspiegelte.

Nur noch vereinzelt warfen Wolken kurze Schatten, die als dunkle Flecken über die Getreidefelder wanderten, um irgendwo am Horizont zu verschwinden. Auch ich wanderte dahin und ließ meinen Gedanken ihren Lauf.

»Man reist nicht nur, um anzukommen, sondern vor allem, um unterwegs zu sein.« (Goethe)

Es gibt bekanntlich viele Wege, um zu seinem Wanderglück zu finden. Manuel Andrack, der deutsche »Wanderpapst«, hat in seinem empfehlenswertem Buch »Das Neue Wandern« einige davon aufgeführt. In diesem Buch erzählt er unter anderem von seinem Erlebnis mit dem Extremwanderer Thorsten Hoyer, mit dem er 82 Kilometer am Stück ohne Schlaf und ohne größere Pause gewandert war. Für Hoyer wohl nur ein Spaziergang. Der hatte im Juli 2010, auf einer Strecke von 130 km, die Alpen nonstop schlaflos überquert, dabei 12500 Höhenmeter bewältigt und dafür nur 49,5 Stunden benötigt. Oder: Im August 2011 wanderte er ohne Unterbrechung von Eisenach-Hörschel über den kompletten Rennsteig und nahtlos weiter den Frankenweg bis kurz vor Kronach. Für die 231 km lange Strecke hatte er gerade mal 58 Stunden gebraucht (Quelle: www.in-alle-richtungen.de). Unglaublich!

Aber kann eine solche Wanderung glücklich machen?

Vielleicht erfährt man im Bewusstsein einer Grenzerfahrung, ein tiefgreifendes Gipfelerlebnis. Ob das so ist, werde ich wohl nie erfahren. Mein absolutes Limit liegt bei 30 - 35 km Wanderstrecke am Tag, und das mit mehreren Pausen. Für die rund 250 km lange Wanderung auf dem Stevenson Pfad hatte ich 14 Tage vorgesehen.

Manuel Andrack schreibt in seinem Buch: *»Wanderer gehen los, um Natur zu erleben und um ihre Seele zu streicheln.«*

Stevenson formulierte es ähnlich: *»Der Wanderer reist auf der Suche nach bestimmten Stimmungen - nach der Hoffnung und dem Geist, die die ersten Schritte des Morgens begleiten und nach dem Frieden und der geistigen Fülle der abendlichen Ruhe.«*

Die vielfältigen Wandermöglichkeiten für Suchende sind heute schier grenzenlos. Neben traditionellem Volkswandern, Gruppenwandern, Nachtwandern, Fastenwandern oder Pilgern, stehen auch etliche, von der Wander- und Tourismusindustrie neu geschaffene Wanderangebote zur Auswahl. Begriffe wie Trekking, Nordic Walking oder Premiumwandern sind aus dem modernen Sprachgebrauch des Wanderers nicht mehr wegzudenken. Man mag sich über manche Angebote lustig machen, erhaben schmunzeln oder euphorisch begeistert sein, eines, glaube ich, ist aber unabdingbar: Jeder sollte sein ureigenes Wanderglück finden.

Mittags, ich hatte Landos lange hinter mir gelassen, klarte der Himmel vollends auf und es wurde innerhalb kürzester Zeit wieder wärmer. Ich ging entlang einer Viehweide, auf der etliche Rinder unter windkrummen Kiefern ein wenig Schutz vor der Sonne suchten, als ich von weither leise das Geräusch einer Landmaschine vernahm.

Nachdem ich einen kleinen Hügel passiert hatte, sah ich eine Mähmaschine zum Ende einer langen Wiese fahren. Ein riesiger Hund lief nebenher. Als er mich wahrgenommen hatte, kam er plötzlich mit hoher Geschwindigkeit auf mich zu gerannt. Nicht schon wieder dachte ich! Sekunden-schnell versuchte ich, meine Situation einzuschätzen. Kein Baum und keine Mauer waren in der Nähe, auf die ich hätte flüchten können. Während der Hund immer näher kam, entledigte ich mich blitzschnell meines Rucksacks und hielt ihn schützend vor mich. Selbstverständlich mit der Mode-stine nach innen zu mir, um diese nicht auch noch zu gefährden. Schnell überlegte ich, ob es sinnvoll wäre, den kleinen Regenschirm aus dem Seitenfach zu nehmen und ihn aufzufalten. Vielleicht wäre das ein idealer Schutzschild. Aber die Zeit war zu knapp.

Der Hund hatte jetzt, ohne zu bellen, was ihn mir beson-ders gefährlich erscheinen ließ, den Feldweg erreicht. Als er nur noch wenige Meter von mir entfernt war, verstummte plötzlich die Mähmaschine und ein scharfer Pfiff ertönte. Der Hund bremste ab, dass es staubte, machte nach dem zweiten Pfiff kehrt, und lief zurück zu seinem Gebieter. Das war aber knapp!

Der Bauer hatte das Ende des Feldes erreicht und seine Mähmaschine gewendet. Dadurch erkannte er wohl, in welch kritischer Situation ich mich befunden hatte. Mit schwenkendem Hut dankte ich ihm für seine schnelle Reak-tion. Bei mir stellte ich fest, dass mein Pulsschlag nicht nur bergauf und bergab heftigen Turbulenzen ausgesetzt war. Dieses Erlebnisses bewog mich, darüber nachzudenken, Ausschau nach einem passenden Knüppel zu halten. Neben Modestine am Rucksack befestigt, wäre er jederzeit griffbe-reit und schnell als Waffe einsetzbar. Diese Überlegung begleitete mich noch eine ganze Weile.

In Nähe des Dörfchens Arquejols durchquerte ich ein kleines Tal, über mir ein Viadukt mit einer alten Eisenbahn-trasse, die das Dörfchen Landos mit der Stadt Langogne verbindet. Die Trasse, eine Nebenstrecke der *Ligne des Cévennes*, ist seit einigen Jahren stillgelegt und wird heute nur noch durch eine Museumsbahn für touristische Zwecke genutzt.

Wieder talaufwärts gehend, beobachtet von der brennenden Nachmittagssonne, wurde ich begleitet von einem warmen Sommerwind, der das sanfte Summen der Getreidefelder zu mir trug. Irgendwann, leicht verschwitzt, erreichte ich eine Anhöhe, die mich mit einem ebenen Feldweg und einer weiten Aussicht zu zahlreichen Hügelketten in der Ferne verwöhnte. Dazwischen lag still das Tal des Allier.

»Auf dem jenseitigen Ufer der Allier stieg das Gelände meilenweit bis zum Horizont an: eine gegerbte, gelbliche Herbstlandschaft mit schwarzen Klecksen von Kiefernwälder und weißen Wegen, die sich durch die Hügel schlängelten. Darüber gossen die Wolken einen eintönigen, purpurgetönten Schatten, der trist und irgendwie drohend Höhe und Weite übertrieb«. (Stevenson)

Ich erreichte eine Stelle, die einem Wanderer nicht alle Tage vergönnt ist. Eine Blumenwiese im Halbschatten einer buschigen Eiche, gesäumt von kleinen Hecken und duftenden Wildkräutern und der Ausblick auf den Lac de Naussac, der sich wie ein blaugrauer Fleck tief unten im Tal ruhend von der Landschaft abhob, geboten mir augenblicklich haltzumachen. Schnell befreite ich mich von Rucksack, Hemd und Wanderschuhen um mich dann mit ausgestreckten Beinen auf der Wiese niederzulassen, die durch ihre leichte Schräglage fast den Komfort einer Strandliege bot.

Ich genoss das Panorama, das Stevenson nicht gegönnt war, denn der künstliche See besteht erst seit rund 30 Jahren und dient als Wasserreservoir. Gespeist wird er durch das Wasser der Allier, das durch eine 50 Meter hohe Staumauer in ein 10 km langes und etwa 3 km breites Becken gezwungen wird. Während meine Augen wohltuend vom See in der Tiefe bis hin zu den fernen dunkelgrünen Bergrücken am Horizont wanderten, ließ ich meine Gedanken treiben und wünschte, die Zeit könnte eine Weile stehen bleiben.

In diesem Moment überlegte ich mir, ob es sich lohnen würde, jetzt mit den Annehmlichkeiten eines Grand Hotels in Monte Carlo zu tauschen. Welcher Mehrwert wäre dort zu erwarten? Vielleicht bekäme ich auf einem Balkon mit Meerblick mein Frühstück von einem speziell für mich zuständigen Kellner serviert. Anschließend könnte ich, mit einem Glas Champagner in der Hand, das Geschehen im Hafen beobachten, dort wo sich Superreiche auf ihren millionenschweren Yachten von neugierigen Touristen neidvoll begaffen lassen. Vielleicht würde auch mein Blick über den hoteleigenen Strand wandern, hin zu den feinen gelifteten Damen, die sich auf dick gepolsterten Liegen mit ihren Schoßhündchen in der Sonne aalen und mit Fingerschnippen ihren ersten Cocktail bestellen. Oder würde mich der Meereswind, während ich dem unermüdlichen Hin und Her unzähliger Menschen auf der Strandpromenade folge, mit dem Duft und dem Gehupe der verstopften Straßen ringsum beglücken? Und das Meer, vollgestopft mit Motorbooten, Segelbooten, Yachten, Surfern, Wellenreitern, Badenixen und schreienden Möwen, die sich um deren Abfälle streiten, könnte es mich entspannen?

Als ich darüber nachdachte, biss ich genüsslich in mein Sandwich, aus dem dadurch etwas Mayonnaise auf meine Hose tropfte. Ein zitronenfarbiger Schmetterling landete plötzlich auf einem meiner Wanderschuhe, um sich in der Sonne zu räkeln. Unterdessen machten sich ein paar Ameisen eifrig auf den Weg unter meine Hosenbeine. Ein sanfter Wind brachte die Gräser zum Flüstern und die Blätter der Bäume und Sträucher zum Rauschen. Gute Gelegenheit, ein Weilchen mit den Fingern über die Saiten meiner Modestine zu wandern. Ich fühlte mich in guter Begleitung. Eine gelungene Komposition.

»Ausgestreckt am Hügelhang, den Wald zu Häupten, den See zu Füßen, so träumst du hier, bis die wachsende Stille dich erschreckt.« (Theodor Fontane)

Zeit aufzubrechen. Leider. Eine schmale, aber nicht asphaltierte Promenade mit weiten Aussichten auf die Berge jenseits des Allier, brachte mich nach der Ortschaft Pradelles. Über eine kleine Nebenstraße, die doch tatsächlich den Namen »*Rue Robert-Louis Stevenson*« trägt, gelangte ich ins Zentrum eines historischen Dorfes, dessen Entstehung Dokumente auf das Jahr 1177 belegen. Auch Pradelles musste schon bessere Zeiten erlebt haben. Doch waren hier, neben den vielen leerstehenden und verfallenen Häusern, auch etliche wunderschön restaurierte Gebäude zu sehen. Auf dem Dorfplatz, in der Nähe einer Brunnenanlage, findet man eine öffentliche Toilette, geschmückt mit einer großen Figur auf dem Dach, die, gefräst aus einer rostigen Eisenplatte, unverkennbar Stevenson mit seiner Eselin darstellt. Ich schmunzelte und hatte das Gefühl, dass hier Wanderer des *Chemin de Stevenson* besonders willkommen sind.

Dann traf ich die beiden Wanderer wieder, die einzigen, denen ich bisher seit meinem Start in Le Puy begegnete. Sie hockten auf der Terrasse eines Cafés und winkten mich hinzu. Jetzt erst machten wir uns namentlich bekannt. François und Bernadette erzählten mir, dass sie ab Langogne auf dem *Chemin de Régordane* weiter wandern wollten, der über 250 km von Le Puy-en-Velay bis nach Saint-Gilles-du-Gard südlich von Nîmes führt. François beabsichtigte, die gesamte Strecke zu bewältigen, während Bernadette ihre Tour bereits in Alès beenden wollte. Wir plauderten noch eine Weile, dann machte ich mich auf die Suche nach meinem Quartier. Die beiden traf ich danach nicht wieder.

Ich übernachtete in einer *Chambre d'hôtes et Gîte d'étape* und speiste am Abend als einziger Gast im Kreise der Familie. Die freundlichen Gastgeber servierten Salat, Entenkeule, Kartoffelauflauf, Käse und Vanilleeis. Dazu einen dunklen Côtes du Rhône. *C'était excellent!*

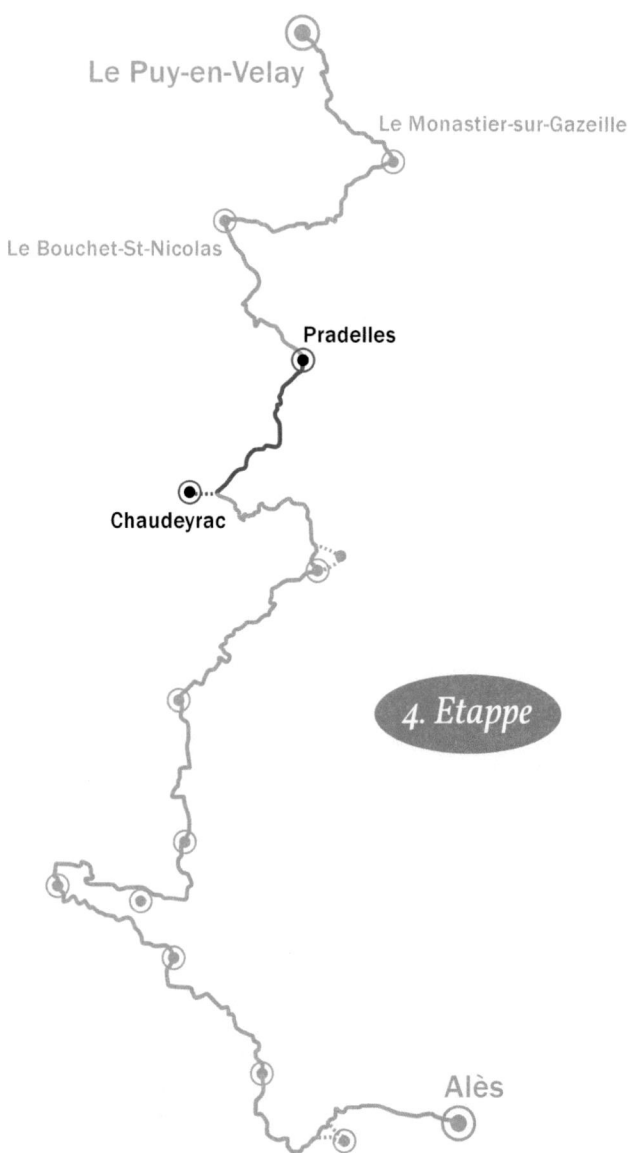

Le Puy-en-Velay

Le Monastier-sur-Gazeille

Le Bouchet-St-Nicolas

Pradelles

Chaudeyrac

4. Etappe

Alès

Stock und Bestien

Von Pradelles nach Chaudeyrac

»Es war eine anmutige, geschäftige, atmende, bäuerliche Landschaft, und während ich weiter ins Tal hinabstieg, reckte sich das Hochland des Gévaudan immer weiter gegen den Himmel« (Stevenson)

Als ich an diesem Morgen vor die Tür trat, wartete ein strahlend blauer Himmel auf mich, der auf gutes Wanderwetter hoffen ließ. Stevenson verzichtete auf einen Besuch der *Notre-Dame de Pradelles*. Ich tat es ihm gleich. So wie in Le Puy thront die Dame auch hier in Form einer grellroten Statue auf der Kirchturmspitze. Sie blickte strafend auf mich herab, als ich ihr den Rücken kehrte und ohne schlechtes Gewissen das Dorf in Richtung Langogne verließ. Nach 10 Minuten war ich wieder mit mir allein. Ein breiter Weg mit leichtem Gefälle führte mich nach gut einer Stunde erholsamen Wanderns hinab ins Tal des Allier.

In Langogne begrüßte mich zuerst die Nationalstraße mit dem Höllenlärm und Mief eines immensen Lkw- und Autoverkehrs. Wenige Augenblicke später wurde ich kurz vor der Pont d'Allier (Brücke über den Allier) Zeuge des Unfalls zweier PKW. Sofort entstand ein riesiges Verkehrschaos. Gott sei Dank wurde niemand verletzt. Hier, völlig fehl am Platz, versuchte ich deshalb, kurzatmig und mit flotten Schritten, dem Abgaswolkendreck zu entkommen. Nach drei Tagen Landluft war meine Nase sensibel gegenüber vergifteter Stadtluft geworden. Mit Überqueren der Brücke, unter der der Allier mit seichtem Wasser leise dahinplätscherte, verließ ich die Region Velay und betrat die Landschaft Gévaudan. Der Wanderweg wurde durch die historische Altstadt geleitet. Ich wollte eigentlich schnellstens die stinkende Stadt hinter mir lassen, entschied mich dann aber doch, mir in der Nähe der Halle aux Grains

(Markthalle) einen *Café au lait* zu gönnen.

In den meisten Ortschaften, die Stevenson damals passierte, erinnern Gedenktafeln und Skulpturen an ihn. Hier, am Stadtausgang von Langogne, wurde sogar ein spezieller Platz, mit dem Namen »Square Stevenson«, mit Bänken, Tränke und Wiese für Reisende mit Esel zur Verfügung gestellt. Eine Skulptur, ähnlich der in Pradelles und ebenfalls aus einer Metallplatte gefräst, stellt Stevenson mit seiner Modestine in Lebensgröße dar, was dem Platz wiederum eine ganz besondere Note verleiht. Da meine Modestine keinen Durst verspürte und auch nicht grasen wollte, zog ich einfach weiter in das wilde Gévaudan, dass Stevenson wie folgt beschrieben hatte:

»Moor, Heide, Striche mit Felsblöcken und Kiefern, Birkenwälder im Schmuck herbstlichen Goldes, hier und dort ein paar leere Hütten und öde Felder - das waren die Merkmale dieser Landschaft. Hügel und Tal folgten auf Tal und Hügel; die kleinen grünen und steinigen Rinderpfade wanden sich in- und auseinander, spalteten sich in drei oder vier, verloren sich in sumpfigen Mulden und fanden sich sporadisch wieder am Fuß eines Hügels oder am Rand eines Waldes«. (Stevenson)

Irgendwann traf ich unverhofft auf ein einsames Bauernhaus, das weitläufig mit einem Zaun eingefriedet war. Mein Weg führte unmittelbar an diesem entlang, als plötzlich zwei dunkelbraune Kampfhunde von beträchtlicher Größe auftauchten und mit fletschenden Zähnen versuchten, diesen zu überspringen. Ich betete, dass ihnen dies nicht gelingen sollte und sich nirgends im Zaun ein Loch befinden würde. Sie hetzten neben mir her, in fester Erwartung, mich bei nächster Gelegenheit genüsslich zu zerfleischen. Der Bauer, der gerade seine fetten Enten fütterte, machte nicht die geringste Anstalt, seine blutgierigen Hunde zurückzupfeifen, die mich noch auf gut hundert Meter, ständig am Zaun hochspringend, verfolgten. Es waren bestimmt Abkömmlinge der »Bestie des Gévaudan.« (Ein Wolf, der von 1764 bis 1767 hauptsächlich die Gegend um Langogne, Cheylard-l'Évêque und Luc in Angst und Schrecken versetzte.) Die Hunde wurden noch cholerischer und aggressiver, als ich mit zügigen Schritten endlich das Zaunende erreichte und ihnen im Umdrehen noch einen ängstlichen, aber erleichterten Blick zuwarf. Die scharfen Reißzähne in ihren triefenden Mäulern und die tobsüchtigen Augen in ihren hässlichen Schädeln werde ich wohl nie vergessen.

Während ich noch eine Weile ihr wildes Gebell vernahm, fasste ich den Entschluss, mir nun nach der dritten Attacke dieser Art eine Waffe zuzulegen. In einem Gebüsch wurde ich fündig. Zwar stieß mein kleines *Opinel* (französisches Winzermesser) fast an die Grenze seiner Belastbarkeit, als ich mir einen Hartholzstock, eineinhalb Meter lang, an einem Ende etwa zweidaumendick und leicht gekrümmt, zunächst einmal grob zurechtschnitt. In der nächsten Talsohle rastete ich an einem kleinen Wildbach und schnitzte an meinem Stock weiter. Entrindet und auf die ideale Länge gekürzt war mein neuer Begleiter mir zwar äußerst unsympathisch, zudem auch keine ernstzunehmende Waffe, aber doch ein solider Wanderstock, der mein Sicherheitsgefühl erheblich steigerte.

Das Stockwandern, mit dem ich keinerlei Erfahrung hatte, bescherte mir zunächst arge Probleme. Ständig von der rechten in die linke und von der linken in die rechte Hand wechselnd, versuchte ich den Stock in meinen Schritt zu zwingen. Wenn mein Sicherheitsbedürfnis mich nicht davon abgehalten hätte, wäre er schon hinter der ersten Biegung im hohen Bogen über eine Böschung geflogen.

Nach ein paar Kilometern aber hatte ich ihn endlich so weit, dass er im Gleichschritt meines linken Beines auf der rechten Seite neben mir herstolzierte. Doch schon bald kündigte sich in meiner Stockträgerhandinnenfläche durch Errötung eine Wundblase an. Stocksauer auf den Stock schmirgelte ich seinen Knauf mit einem Stein rund und glatt, um Schlimmeres zu verhindern. Das funktionierte.

Dann aber, als ich beim Fotografieren beide Hände frei haben musste, lehnte ich ihn an die Brust, was er mir augenblicklich übel nahm und sich auf den Boden fallen ließ. Ärgerlich ging ich mit meinem schweren Rucksack langsam in die Hocke und hob ihn widerwillig auf. Zur Belohnung gestattete er mir, mich auf ihm abzustützen, damit ich wieder hochkam. Danke, lieber Stock!

Nach ständigem Auf und Ab über Stock und Stein, Tal und Hügel erreichte ich irgendwann am Nachmittag die beiden Weiler Fouzilhac und Foulzilhic. Hier irrte Stevenson stundenlang in der Dunkelheit umher, völlig durchnässt durch einen langen Regentag, um nach Cheylard-l'Évêque zu gelangen. Nach vergeblicher Wegsuche gab er schließlich auf und übernachtete in einem nahen Wäldchen.

»Endlich tauchten schwarze Bäume zur Linken auf, die plötzlich auch auf der anderen Seite des Weges erschienen und dicht vor mir eine Höhle aus makellosem Schwarz bildeten. Wenn ich es Höhle nenne, so übertreibe ich keineswegs. Unter diesem Bogen von Laub hindurchzugehen, war wie ein Verlies zubetreten. Ich tappte herum, bis meine Hand einen kräftigen Zweig erwischte. An ihn band ich Modestine, einen abgehärmten, durchnässten, verzagten Esel.« (Stevenson)

Zur Erinnerung an ihn steht heute in diesem vermeintlichen Wäldchen ein kleiner Menhir.

Ich ließ die wenigen Häuser der beiden Weiler hinter mir und ignorierte das nervende »Tack, Tack« meines Wanderstocks auf der schmalen, unangenehm zu laufenden Asphaltstraße. Hier bekam ich das letzte Mal auf dieser Wandertour bedrohlichen Kontakt mit einem Hund. Hätte ich in die Zukunft blicken können, wäre danach der lästige Stock unverzüglich im nahen Getreidefeld gelandet. Ein schwarzer mittelgroßer Straßenköter kam mir auf der einsamen Straße entgegen gelaufen. Ich blieb stehen, drehte den Stock mit dem dickeren Knauf nach unten und fasste ihn wie einen Golfschläger mit beiden Händen, um, wenn nötig, zum Schlag ausholen zu können. Der Hund verlangsamte sofort sein Tempo und trottete dann, mich keines Blickes würdigend, sogar verachtend auf die andere Seite blickend, langsam an mir vorbei. Fast beleidigt guckte ich ihm nach und gab dem Stock widerwillig einen Pluspunkt für seine Existenz.

In Chaudeyrac, etwas abseits der offiziellen Wanderroute, beendete ich meine Tagesetappe im Hôtel de France.

Bauernhaus bei Fouzilhac

Le Puy-en-Velay

Le Monastier-sur-Gazeille

Le Bouchet-St-Nicolas

Pradelles

Chaudeyrac

Notre-Dame des Neiges

La Bastide-PuyLaurent

5. Etappe

Alès

Kreuze und Kirchen

Von Chaudeyrac nach La Bastide-Puylaurent

»Ich reise um des Reisens willen. Worauf es ankommt, ist in Bewegung zu sein; die Nöte und Haken unserer Existenz unmittelbar zu spüren; aus dem Federbett der Zivilisation zu steigen und zu entdecken, dass die Erde unter den Füßen aus Granit besteht und mit schneidenden Kieseln übersäht ist.«
(Stevenson)

Pünktlich um sechs wurde ich gleichzeitig von mehreren Hähnen mit einem äußerst disharmonischen Konzert geweckt. Nach dem mageren Frühstück im Hotel, das direkt an der nach Langogne führenden Nationalstraße liegt, verließ ich zeitig das Dörfchen Chaudeyrac, denn heute erwartete mich ein langer, beschwerlicher Weg. Vorbei an der Kirche, die, mit drei Glockentürmen, der mittlere diesmal mit einer St. Martin-Statue versehen, am höchsten Punkt des Dorfes steht, fand ich bald einen hölzernen Wegweiser, in den, neben einem kleinen Esel, auch Cheylard und GR 70 geschnitzt war. Ich war also richtig.

Bis nach Cheylard-l'Évêque, wo ich wieder auf den *Chemin de Stevenson* treffen wollte, waren etwa fünf Kilometer zu laufen. Bis dort hin bekam ich kein Lebewesen, außer ein paar Schmetterlingen und fröhlich zwitschernden Vögeln, zu Gesicht. Nur ein kunstvoll verziertes schmiedeeisernes Kreuz, das plötzlich, platziert auf einem steinernen Sockel an einer Weggabelung auftauchte, sorgte kurz für etwas Abwechslung. Übrigens, dieses Buch wäre etliche Seiten dicker geworden, wenn ich all die vielen Wegkreuze und Kirchen, an denen ich auf dieser Wanderung vorbeigekommen bin, erwähnt hätte.

Der Weg war eben und sehr angenehm zu gehen. Um meinen rechten Stockführerarm nicht einseitig zu belasten, zählte ich im Schrittrhythmus bis zwanzig, wechselte dann den Stock in die linke Hand und begann mit der Zählerei wieder von vorne. Zwangsläufig passte sich auch mein Atem der Bewegungsabfolge an. Zunächst musste ich mich konzentrieren, um nicht aus dem Schritt zu kommen, aber dann lief es auf einmal wie von selbst. Ich marschierte locker drauflos und dachte kurz, mit zwei Stöcken wäre ich jetzt auch ein »Nordic Walker«. Oh Gott! So verstrich die Zeit wie im Flug. Die Methode werde ich mir merken.

Das Erste, was ich von oben her sah, war eine kleine Kapelle, als ich ins Tal von Cheylard-l'Évêque hinabwanderte. Da nur ein kleines Stück abseits des Weges, beschloss ich den Umweg in Kauf zu nehmen, um die *Notre Dame*, mit der sich auch hier die Kapelle krönend schmückte, nicht zu verärgern. Stevenson war ich in diesem Fall etwas voraus, denn er kam aus einer anderen Richtung ins Dorf und sah sie nur von unten, was ihm wohl genügte.

»Ein paar Dorfenden, ohne eine richtige Straße, eher eine Folge offener Plätzen auf denen Stapel von Holzscheiten und Reisig lagen, ein paar windschiefe Kreuze, die Kapelle, Notre-Dame-de-toutes-les-Grâces' oben auf einem kleinen Hügel; und all dies an einem rauschenden Gebirgsbach im Winkel eines nackten Talgrundes.« (Stevenson)

Als ich vor der Kapelle stand und demütig hochblickte, schaute die *Notre-Dame-de-toutes-les-Grâces* mit aller Milde auf mich herab. Der kleine Abstecher hatte sich gelohnt, denn von hier aus bot sich mir eine wundervolle Aussicht über das Dorf. Stevensons Beschreibung gibt es nichts hinzuzufügen. Viel konnte sich dort seit seinem Besuch nicht verändert haben. Ins Dorf gelangte ich über den recht steilen, serpentinenartig angelegten Kreuzweg. Die vierzehn Tafeln, die den Leidensweg Jesu symbolisieren sollen, waren nach jeder Biegung in vergitterten steinernen Nischen angebracht. Während ich freudig den Weg abwärtsging, stellte ich mir die Dorfbewohner in einer Prozession vor, die, alljährlich zu Ostern unter Bittgesang hinter dem Pfarrer herlaufend, den Weg umgekehrt bewältigen muss, um die Gnaden der Madonna zu empfangen.

Als ich auf den kleinen Dorfplatz kam, sah ich zunächst in dessen Mitte ein schmiedeeisernes Kreuz auf einem steinernen Sockel, das eine verblüffende Ähnlichkeit mit dem an der Weggabelung aufwies. Wahrscheinlich war hier derselbe Kunstschmied am Werke gewesen. Auf der einen Seite des Platzes steht die Kirche und gegenüber befindet sich die sympathisch aussehende Auberge, vor der einige Autos der Oberklasse parkten, die irgendwie nicht so recht in das Flair dieses einsamen frommen Dörfchens passten. Ruhe suchende Touristen dachte ich, die dafür gesorgt hatten, dass für mich kein Zimmer mehr frei war. Das war's auch schon. Am Ortsausgang lehnte ich mich eine Weile über die steinerne Brüstung der schmalen Brücke und beobachtete den kristallklaren Bach, der, kleine grüne Steininseln umspülend, leise flüsternd dahinfloss, um letztendlich in Langogne in den Allier zu münden. Ein letzter Blick auf den Hügel, die Kapelle und die Madonna. Der Weg war noch weit.

Talaufwärts, talabwärts, talaufwärts. Die rot-weiße Markierung führte mich durch dunkle Wälder und über grüne Wiesen auf eine Höhe von 1170 Meter zu einer Häuseransammlung mit dem Namen Les Pradels. Keine Menschenseele war zu sehen, obwohl Stall- und Haustüren zum Teil offenstanden. Nicht einmal ein bellender Hund kam mir entgegengerannt. Nur ein paar Hühner flüchteten gackernd, als ich über die verdreckte Straße kam. Kein Brunnen, keine Bank im Schatten eines Baumes, kein guter Ort für die Mittagsrast. Also verdrückte ich mich wieder, folgte dem Wanderweg durch ein Waldgebiet, bis ich zu einem kleinen See kam, in dem sich die Kiefern spiegelten. Hier gab es sogar Bänke mit Tischen. Ein idyllisches Plätzchen für Erholungssuchende und für mich zum Rasten. Ich ver-

speiste ein trockenes Sandwich, das mir vom Hotel einge-
packt worden war, freute mich auf Modestine und sie sich
auf mich, sang ein paar schöne Lieder mit ihr und ließ noch
ein Weilchen meine Seele baumeln. Zeit, um sich ein paar
Gedanken über das Wandern zu machen.

Die ständige Wiederholung von Wegworten ist eine
Technik, die Einfluss auf den Geist des Wanderers nehmen
soll. In den Religionen tief verwurzelt, verwendeten schon
die Wandermönche des Mittelalters diese Technik. Aber
auch einige der heutigen Pilger, die sich zum Beispiel auf
dem Weg nach Santiago de Compostela befinden, üben sie
aus. Ich zitiere den Mönch Amsel Grün aus seinem Buch:
»Auf dem Wege«.

*»Wenn wir mit den Gehworten aus den Psalmen wandern,
werden wir erst den Sinn und die Erfahrung dieser Worte erfas-
sen. Wer zwei Stunden mit dem Wort geht: »Wir ziehen zu
dem Hause des Herrn« oder »Wohin könnte ich gehen vor deinem Geiste« oder »Mit dir erstürme ich Wälle, mit meinem
Gott überspringe ich Mauern« oder »Dein Wort ist meinem
Fuß eine Leuchte«, der kann erfahren, was der Beter damals
erfahren hat. All diese Worte sind aus der Erfahrung heraus
geschrieben und wollen uns Erfahrung vermitteln. Doch an die
Erfahrung kommen wir erst heran, wenn wir das nachvollzie-
hen, wodurch die Beter zu ihrer Erfahrung gekommen sind:
durch das Gehen und Wandern«.* (aus: Auf dem Wege - Vier-
Türme-Verlag)

Nun, da ich kein religiöser Mensch bin, liegt es mir auch
fern, mit Gehwörtern aus den Psalmen zu wandern. Aber
mit dem Gedanken, die Technik zu nutzen, konnte ich
mich durchaus anfreunden und dachte mir deshalb meine
eigene Methode aus. Ein einfaches Beispiel: Als ich am
nächsten Tag missmutig durch strömenden Regen wandern
musste, pfiff ich einfach die Melodie: »Singing in the Rain«

aus dem gleichnamigen Film des US-amerikanisches Film-Musical und stellte mir dabei vor, wie Gene Kelly, der singende Schauspieler, mit seinem Regenschirm in der Hand über Straße und Bürgersteig tanzte. Sogleich erhellte sich mein Gemüt. Ich pfiff und sang die Melodie mal laut, mal leise, mal in Gedanken, so lange, bis sich der düstere Himmel schließlich wieder aufklärte.

Etwa zweihundert Höhenmeter Abstieg lagen vor mir, als ich mich am frühen Nachmittag aufmachte, um über einen recht steilen Weg ins Tal des Allier zu gelangen.

»Die Farbe war durchweg schwarz oder aschfahl und konzentrierte sich in den Ruinen der Burg von Luc, die zu meinen Füßen schamlos aufgerichtet stand und auf einer Zinne eine mächtige weiße Madonnenstatue trug, die, wie ich mit Interesse vernahm, fünfzig Quintals wog. (Stevenson)

Zwar nicht schwarz oder aschfahl, sondern teilrestauriert in neuem Glanz, lag das Chateau de Luc nun zu meinen Füßen. Ich fragte mich, was eine tonnenschwere Madonnenstatue, statt auf einem Kirchturm, neben einer Fahnenstange auf dem Turm einer Burgruine verloren hat. Wie dem auch sei, die Bewohner von Luc werden ihre Gründe gehabt haben. Dann die Überraschung. Ich sah den dritten Wanderer auf dieser Tour, der, mit schwerem Rucksack bepackt, in Richtung Luc unterwegs war. Ein seltenes Erlebnis. Ich hoffte insgeheim, ihn irgendwann einzuholen, was mir später auch gelang.

Es war ein heißer Tag. Ich kürzte meine Wanderhose um zweidrittel ihrer Länge, was bei einer modernen, wie der meinen, in Sekunden problemlos möglich war. Mein neues Aussehen muss man sich nun von oben nach unten gesehen wie folgt vorstellen: Dunkelgrüner Hut, lange silbergraue Haare, Brille, zotteliger Ziegenbart im mittlerweile gebräunten Gesicht, rot kariertes Hemd, weinroter Rucksack, auf den Modestine geschnallt ist, geschützt durch eine grellrote Plane. Dann der Hüftgurt unterhalb einer kleinen Wölbung bestückt mit Fotoapparat, GPS-Gerät und Wanderkarte. Aus der schwarzen kurzen Hose münden zwei weiße, kräftige Wanderbeine zuerst in blauen Socken und schließlich in braunen Wanderschuhen, die über die Straße stampfend in Luc einmarschieren und das im Gleichschritt mit einem ungeliebten Wanderstock.

Luc ist ein trostloses, verlassen wirkendes Nest, etwas oberhalb der Landstraße, der Cevennenbahn und des Allier gelegen. Rechts und links der Straße stehen graue Häuser mit verschlossenen Läden, deren teilweise durch Farnkraut verwilderte Treppenaufgänge die Rückeroberung der Natur ankündigen. Bald danach kam ich an einer sehr kleinen Kirche vorbei, mit Glockentürmen, die über eine seitliche Steintreppe erreichbar sind. Die mächtige Madonnenstatue der Burg auf ihr platziert, wäre genauso schwer vorstellbar, wie Goliath auf dem Rücken von David.

In unmittelbarer Nähe ein mir inzwischen gut bekanntes schmiedeeisernes Wegkreuz, ein kleines Kriegerdenkmal und ein mit Blumen geschmückter Brunnen, die den bescheidenen Dorfkern prägen. Am Ortsausgang dagegen stand ein recht neu aussehendes Denkmal. Auf einem, in Form einer großen Kirchenglocke gemauertem Sockel, steht ein hölzernes Christuskreuz mit drei geschnitzten Figuren, die Mutter Maria und zwei der Getreuen von Jesus darstellen. Eine fromme Dorfgemeinschaft dachte ich, als ich auf Luc und die Burg mit ihrer weithin sichtbaren weißen Madonnenstatue zurückblickte.

Zwei Kilometer monotonen Marschierens im Flusstal des Allier, entlang der Landstraße und der Eisenbahnschienen, brachten mich schließlich nach Pranlac. Mit dem Überqueren des Allier, der sich mir hier als kleiner seichter Wildbach präsentierte, verließ ich das Gévaudan und gelangte in die Landschaft Vivarais. Hier traf ich wieder auf den Wanderer, der sich unter einem schattenspendenden Baum ausruhte. Ein netter Kerl meines Alters, der, solo wie ich, schon seit Tagen auf dem Wanderweg GR7 unterwegs war. Wir sprachen über das Wetter, das Wandern und die Landschaft, und dann wollte er wissen, wie ich heiße.

»Lino«, sagte ich, »comme Lino Ventura.«
Schlagfertig antwortete er:
»Jean-Paul, comme Jean-Paul Belmondo.«
Wir lachten. Bevor sich unsere Wege trennten, fotografierten wir uns noch gegenseitig, tauschten dann unsere Fotoapparate, um das Spiel noch einmal zu wiederholen, damit auch endlich jeder, ohne mit dem Selbstauslöser herumhantieren zu müssen, ein Foto von sich selbst bekam.

»Lino Ventura«   »Jean-Paul Belmondo«

Obwohl ich schon recht müde und meinem Etappenziel sehr nahe war, entschied ich mich, den etwa acht Kilometer langen Umweg zur Abbaye Notre-Dame des Neiges, einem Zisterzienserkloster der Trappisten, (die Trappisten sind ein Mönchsorden) zu nehmen. Den Ort, in dem Stevenson seine Begegnung mit den Mönchen eindrucksvoll schilderte, wollte ich einfach nicht ausklammern. Diese Entscheidung musste ich allerdings mit viel Schweiß bezahlen. »Wandern macht fröhlich und frei«, wählte ich als Wegworte und begann eine lange, steile und mühselige Aufwärtswanderung, die mich von 1000 auf 1245 Meter zum Sommet de la Felgère führte. Unterwegs musste ich dreimal ablegen, um kleine quälende Steinchen aus meinen Schuhen zu entfernen. Um das zu verhindern, entschloss ich mich, meine Hose wieder zu verlängern. Über meinen Knien deutete sich eh bereits ein leichter Sonnenbrand an.

Oben angekommen begrüßte mich leider nur ein langweiliger stählerner Sendemast. Auf die Frage, ob die Wegworte etwas gebracht haben? Nun, ja! Eine gute Aussicht, auf die andere Seite des Tales, zu den grünen Hügeln des Gévaudan, von wo ich gerade herkam. Ich saugte noch einmal an meinem Schnuller, der mir durch sein Röcheln zu verstehen gab, dass der Trinkbeutel bald leer werden würde, und ging weiter.

Auf einer Höhe von 1080 Metern, umgeben von Wiesen und Äckern, erhebt sich Notre-Dame des Neiges in einem weiten Bachtal mit Kloster, Kirche, Kapelle und einem großen Gebäudekomplex, in dem sich unter anderem auch eine Pension befindet. Etwa fünfzig Mönche verdienen sich hier ihren Lebensunterhalt mit Landwirtschaft und Weinproduktion. Weltoffen werden in einer Boutique Souvenirs und Klosterprodukte kommerziell vermarktet und eine Art Biergarten im Hof lockt die zahlreichen Touristen zum Verweilen. Ich verzichtete und begab mich vergebens auf die Suche nach einem Hinweiszeichen auf Stevenson, der hier am 26. September 1878 Station gemacht und diesem Kloster und seinen Bewohnern immerhin fünfzehn Seiten seines Tagebuches gewidmet hatte. Vielleicht ist auch nur die Erinnerung an ihn erloschen, nachdem das Kloster im Jahre 1912 niedergebrannt war.

Ich verließ diesen eigentümlichen, vom Glauben erfüllten Ort, verständlicherweise ohne einen einzigen Mönch gesichtet zu haben, an der kleinen Kapelle vorbei, die nach dem seligen Père de Faucault, einem ehemaligen Militär, der zum Mönch wurde, benannt ist. Immerhin: Robert Schuman, der deutsch-französische Staatsmann, durfte sich hier während des Zweiten Weltkrieges vor den Nazis verstecken.

Die Antwort auf die Frage, warum der offizielle *Chemin de Stevenson* nicht hier vorbeigeleitet wurde, bleibt mir verborgen, und ob sich der Umwege für mich gelohnt hat, zwiespältig.

Ein wenig enttäuscht und ohne mich noch einmal umzudrehen, machte ich mich auf den Weg und dachte dabei an Stevensons Worte: *»Und ich danke Gott, dass ich frei war zu wandern, frei zu hoffen und frei zu lieben.«*

Mühsame drei Kilometer, zwar ebenen Weges, aber mit schmerzenden Füßen und Schultern, waren noch zu laufen, um La Bastide-Puylaurent zu erreichen. Mit den Wegworten: »Ich wünsche mir ein kühlgezapftes Glas Kronenbourg und ein kräftiges Abendessen im Hotel La Grand Halte, schaffte ich es in 45 Minuten. Übrigens, meine Wegworte fanden Erhörung!

Ankunft 18.00 Uhr, rund 30 km, 10 Stunden unterwegs, 820 m Aufstieg, 946 m Abstieg. Na, dann: Prost!

»Sehen Sie, während einer Wanderung ändert sich Ihre Laune oft. Von der Heiterkeit des Aufbruchs zur glücklichen Ermüdung der Ankunft ist die Veränderung sicher groß.« (Stevenson)

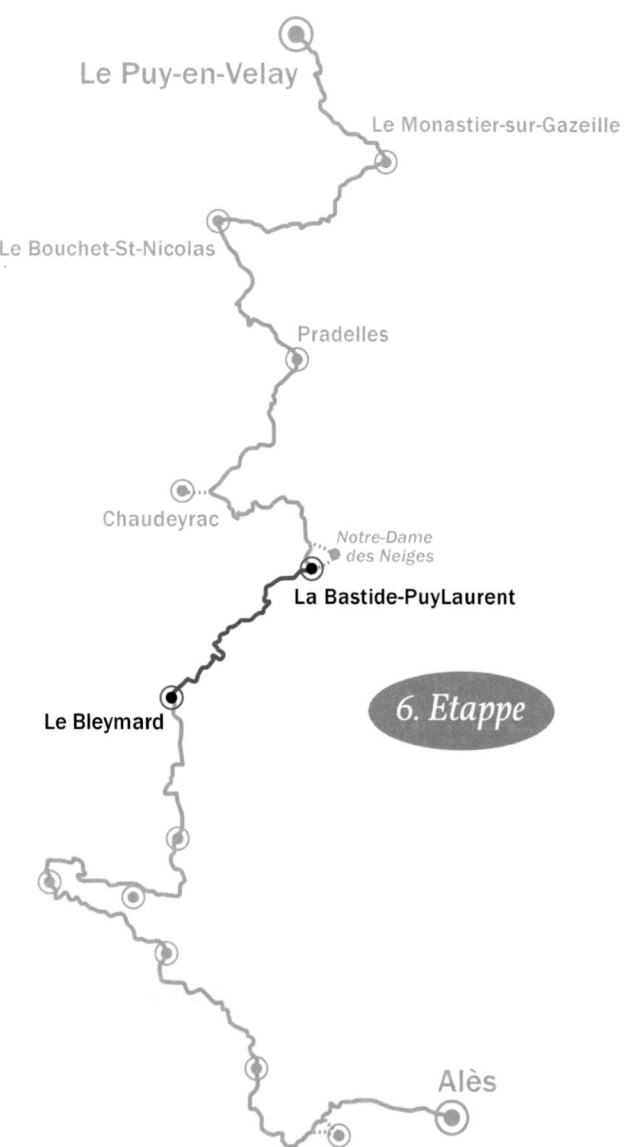

Le Puy-en-Velay

Le Monastier-sur-Gazeille

Le Bouchet-St-Nicolas

Pradelles

Chaudeyrac

Notre-Dame
des Neiges

La Bastide-PuyLaurent

6. Etappe

Le Bleymard

Alès

Stockübungen
Von La Bastide-Puylaurent nach Le Bleymard

Vor der Eröffnung der Eisenbahnlinie im 19. Jahrhundert war La Bastide-Puylaurent nur ein kleiner Weiler und hieß lediglich Puylaurent. Heute verfügt der Ort über mehrere Hotels und Geschäfte, Bahnhof und einen nahgelegen Campingplatz. Hier startete ich zeitig, kam vorbei an einer Fassade, die sich mit einem Gemälde schmückt, das Stevenson und seine Modestine auf Wanderschaft zeigt, und überquerte den Allier über eine Brücke, die mich zurück ins Gévaudan führte.

An den ständigen Wechsel von Tälern, Bergen, Senken, Plateaus, Hügeln und Bergrücken inzwischen gewöhnt, überraschte es mich nicht, dass an diesem Morgen mal wieder Aufwärtswandern angesagt war. Den folgenden Hang über 250 Höhenmeter bis zu einem Plateau bewältige ich in einer knappen Stunde. Für eine Rast eigentlich noch viel zu früh, hätte dort nicht eine einladende Bank, sogar mit Tisch, auf mich gewartet. Ich legte ab und entkleidete meine Modestine, denn mir war zum Singen zumute. Nach kurzem Einsingen, frühmorgens ist meine Stimme meist etwas belegt, legte ich los mit einem Song des deutschen Liedermachers Hannes Wader:

Heute hier, morgen dort,
bin kaum da, muss ich fort,
hab' mich niemals deswegen beklagt;
hab' es selbst so gewählt,
nie die Jahre gezählt,
nie nach gestern und morgen gefragt.

Wahrscheinlich, von der sicherlich seltenen Plateau-Matinée angelockt, ich verstummte sofort, kam schon nach der ersten Strophe, ein Hund dahergelaufen. Diesmal allerdings mit wedelndem Schwanz. Dadurch selbst fröhlich gestimmt brauchte ich nicht schnell zu meinem Stock zu greifen.

»*Arrête*«,
hörte ich rufen, als der Weißbraungefleckte mich erreichte und seinen mit langen Schlappohren versehenen Kopf leise winselnd auf meinen Oberschenkel legte. Erwartungsvoll blickte er mit seinen treuen Augen zu mir hoch. Da ich weiß, was sich gehört, schenkte ich ihm ein paar Streicheleinheiten über Kopf und Schulter und lobte ihn mit:
»Braver Hund, braver Hund«,
was er sicherlich nicht verstand. Trotzdem bedankte er sich sofort, indem er etwas lauter winselnd schnelle Kreise mit seinem Schwanz vollzog.

Sein stolzes Herrchen, das uns schließlich erreicht hatte, versicherte mir, dass sein Hund völlig harmlos sei, und bat mich, mein Lied doch zu Ende zu singen. Den Wunsch erfüllte ich dem fidelen Pensionär gerne. Herrchen applaudierte überschwänglich und wurde fast so zutraulich wie sein Hund, fragte neugierig nach dem Wohin, Woher und warum so alleine. Nachdem ich ihm brav Rede und Antwort gestanden hatte, musste ich ihm unbedingt noch ein Liedchen trillern. Ich wählte ein Lied, von dem ich die erste Strophe auf Französisch aus dem Kopf konnte, und legte los:

> *Chevaliers de la table ronde,*
> *Goûtons voir si le vin est bon;*
> *Goûtons voir, oui, oui, oui,*
> *Goûtons voir, non, non, non,*
> *Goûtons voir si le vin est bon.*

Voller Begeisterung sang er mit und stimmte sofort die zweite Strophe an:

> *S' il est bon, s' il est agréable,*
> *J' en boirai jusqu' à mon plaisir.*
> *J' en boirai, oui, oui, oui,*

J' en boirai, non, non, non,
J' en boirai jusqu' à mon plaisir.

Er war happy. Und ich auch. Dann durfte ich noch einmal seinen Hund streicheln, der sich nur ungern von mir trennte, und er wünschte mir im Gehen mit seinem verknitterten Hut schwenkend:

»Bonne route!«

Das wünschte ich ihm auch. Bevor sie außer Sicht waren, blieb der Hund noch einmal stehen, setzte sich hin und schaute zu mir zurück. Ich war gerührt.

Die gute Frühmorgenstimmung verflüchtigte sich abrupt von einer Sekunde auf die andere, als ich auf dem bequemen Plateauweg wandernd plötzlich in eine Glocke von Tausenden von Fliegen gehüllt war, die versuchten, inständig mit mir in Kontakt zu treten. Ich schlug mit meinem Stock wie ein Wilder um mich, um sie zu vertreiben, aber nicht einer dieser Quälgeister landete von ihm getroffen auf dem Boden. Ein Beobachter aus der Ferne müsste wohl gedacht haben, hier läuft ein Verrückter frei herum. Irgendwann, nachdem die Fliegenglocke mich eine Weile begleitet hatte und ich, mich meinem Schicksal beugend, des Stockschwingens müde war, verschwanden sie auf einmal so schnell, wie sie gekommen waren, um sich ein anderes Opfer zu suchen.

Fluchend über meinen Stock, der noch nicht einmal zum Fliegentöten geeignet schien, nahm ich ihn mit beiden Händen vor die Brust und versuchte, ihn nach oben biegend in zwei Teile zu zerbrechen. Trotz äußerster Anstrengung meinerseits schaffte er es seinerseits immer wieder, von der Bogenform in die Gerade zurückzuschnellen. Nach dem zehnten Versuch gab ich dann endlich auf. Die wohltuende Ermüdung in meiner Arm-, Bauch- und Brustmuskulatur brachte mich aber auf die Idee, den Ablauf zu Trainingszwecken noch mehrmals zu wiederholen. Ein guter Ausgleich zu meiner bereits seit Tagen einseitig geforderten

Unterkörpermuskulatur. Die erste Stockübung war geboren! Und so sollte sie auch heißen: Stockübung Nr. 1. So erfüllte der Stock einen neuen Sinn und durfte vorläufig bei mir bleiben.

Stockübung Nr. 2
Der Stock wird mit beiden Händen vor die Brust gehalten, dabei versucht man, ihn beim Auseinanderziehen zu strecken. Zehn Versuche sind ideal.

Stockübung Nr. 3
Der Stock wird mit beiden Händen vor die Brust gehalten, dabei versucht man, ihn beim Zusammendrücken zu stauchen. Zehn Versuche sind ideal.

Ich wanderte, wie vom stolzen Herrchen, meinem Mitsänger versichert, längere Zeit ohne merklichen Höhenunterschied, querte die französische Wasserscheide, um dann zum dritten Mal in Folge in das Tal des Allier zu gelangen.

In dem kleinen Dorf Chabalier wurde ich am Ortseingang von einer eigenartigen Stevenson-Skulptur empfangen. Mit Strohkopf, Schlapphut, Lodenmantel, Umhängetasche, zerfetzter Leinenhose und ausgetreten alten Wanderstiefeln glich dieses seltsame Kunstwerk eher einer Vogelscheuche. Auch Modestine, zusammengezimmert aus Rundhölzern und Dachlatten und im Verhältnis gegenüber Stevenson viel zu klein geraten, sah eher aus wie ein kleiner Mops. Robert Louis würde sich mehrmals im Grabe umdrehen, würde er sich so dargestellt sehen.

Die groteske Skulptur wurde in ihrer Wirkung noch gesteigert, als sich auf einmal eine skurrile alte Frau mit ihrem Hund an der Leine hinzugesellte. Mit einem Stock herumfuchtelnd, aber voller Freundlichkeit, erzählte sie mir irgendetwas über Stevenson, was ich aber nicht verstand. Nach einigem Hin und Her und nachdem sie sich etwas verlegen zurechtgemacht hatte, gestattete sie mir jedoch, dass ich ein Foto von ihr und der Vogelscheuche im Hintergrund machen durfte. Von diesem Ensemble, erst recht mit mir im Trio, abgeschreckt, wären die dreistesten Saatkrähen schockiert davongeflogen. Da ich nichts Besseres zur Hand hatte, bedankte ich mich bei ihr mit meiner Visitenkarte, die sie freudestrahlend in ihrer Westentasche verschwinden ließ.

»Skurriles Ensemble «

In Chabalier überquerte ich ein letztes Mal den Allier, nur noch ein winziger Bach nahe seiner Quelle, um bei Chasseradès das Tal des Chassezac zu erreichen.

»An diesem Abend bestand die Gesellschaft in der Küche des Gasthofs nur aus Männern, die Vermessungsarbeiten für die geplante Eisenbahnstrecke ausführten. Sie waren intelligent und

gesprächig, und wir fassten bei Glühwein Beschlüsse über die Zukunft Frankreichs, bis die Uhr uns zur Ruhe scheuchte.«
(Stevenson)

Ich stehe nun hier unter einer 30 Metern hohen Eisenbahnbrücke mit 120 Meter Länge, die das Tal des Chassezac überspannt. Am Fuße einer der Säulen des Viaduktes, die wie gigantische Sägezähne das Tal durchschneiden, erinnert eine steinerne Gedenktafel an vier junge Arbeiter, die hier am 4. Oktober 1899 tödlich verunglückten. Gezwungenermaßen liegt unter diesem monströsen Bauwerk das kleine idyllische Dörfchen Mirandol eingeschüchtert versteckt. Stevenson hätte dafür böse Worte gefunden.

Eisenbahnbrücke über das Dörfchen Mirandol

Der Weg führte dann ein Stück an der Eisenbahntrasse vorbei, an der sich meine gute Tagesstimmung etwas abkühlte. Zum Ersten dachte ich an den steilen Weganstieg, der mich auf 1400 Meter Höhe am Sommet du Goulet vorbeiführen sollte. Zum Zweiten verfinsterte sich der Himmel, der mit schweren dunklen Wolken eine feuchte Wanderung ankündigte. Und zum Dritten wurde ich von einem »Vierbeiner« verfolgt, der mir immer dichter auf die Pelle rückte. Meine Chancenlosigkeit schnell erkennend, aber auch um meine Kräfte zu schonen, versuchte ich erst gar nicht ihn durch Schrittbeschleunigung auf Distanz zu halten. Bald hatte mich der junge drahtige Franzose erreicht, der mit leichtem Atem eine Weile im Gleichschritt seiner Stöcke neben mir herlief. Er sei mit dem Zelt unterwegs und würde abends in der Nähe von Le Bleymard auf einem Campingplatz nächtigen. Nachdem er mir freundlich zu verstehen gab, dass unser Schritttempo doch zu verschieden sei, trennten wir uns wieder, allerdings mit der Verabredung eines Treffens in zwei Tagen in Le Pont-de-Montvert, abends in einem der Restaurants.

Als er außer Sicht war, hörte ich noch eine Weile das helle Klappern seiner Stöcke, was mich aber nicht mehr so sehr störte, denn ich selbst war ja inzwischen immerhin zum Dreibeiner geworden. Seinen flotten Schritt führte ich natürlich nicht auf den Einsatz seiner Stöcke, sondern auf seine gute Kondition zurück. Ich tröstete mich mit dem nicht gerade kleinen Altersunterschied und überlegte mir ein passendes Wegwort für den Aufstieg. Dann setzte der erste Regen ein.

»Als ich oben auf dem Weg weiterzog, stutze ich über etwas, das mir wie kühle Regentropfen vorkam, die auf meine Hand fielen. Mehrmals blickte ich verwundert zum wolkenlosen Himmel hinauf, bis ich endlich merkte, dass es nur Schweiß war, der mir von der Stirn tropfte.« (Stevenson)

Nachdem ich den Bergrücken endlich erklommen hatte, fielen schwere Tropfen, ein Gemisch aus Schweiß und Regen, auf meine Brille und weiter auf beide Hände, mit denen ich mich auf dem Stock abstützte, um mich auszuruhen. Der Weg führte mich weiter, vorbei an der Quelle des Lot, der sich fortan zu einem mächtigen Fluss in Südwestfrankreich entwickelt, um letztendlich nach 485 Kilometern vor Bordeaux in die Garonne zu münden. Ein starker prasselnder Regen verlangte endlich nach meinem sturmsicheren Hightech-Regenschirm. Dann hüpfte ich, »Singing in the Rain« pfeifend, wieder talabwärts. Stock unterm Arm und Regenschirm zwischen Kinn und Schulter geklemmt, versuchte ich mich zwischendurch auch als »Verwindungskünstler«, da ich unmittelbar vor dem Dörfchen Les Alpiers dringend pinkeln musste. Hoffentlich hat mich niemand dabei beobachtet.

Am Ortseingang lockte mich ein verwittertes Holzschild mit der Aufschrift »*Tipi d'étape*« zum Nächtigen, und bald wurde doch tatsächlich ein weißes Indianerzelt sichtbar, platziert auf einer grünen Wiese hinter einem alten Bauernhaus. Auf mich wartete allerdings ein bequemes Bett im Hotel Remise in Le Bleymard, wo ich am späten Nachmittag in durchnässten Wanderschuhen eintraf. Der Lot ist hier schon zu einem kleinen Bach gewachsen.

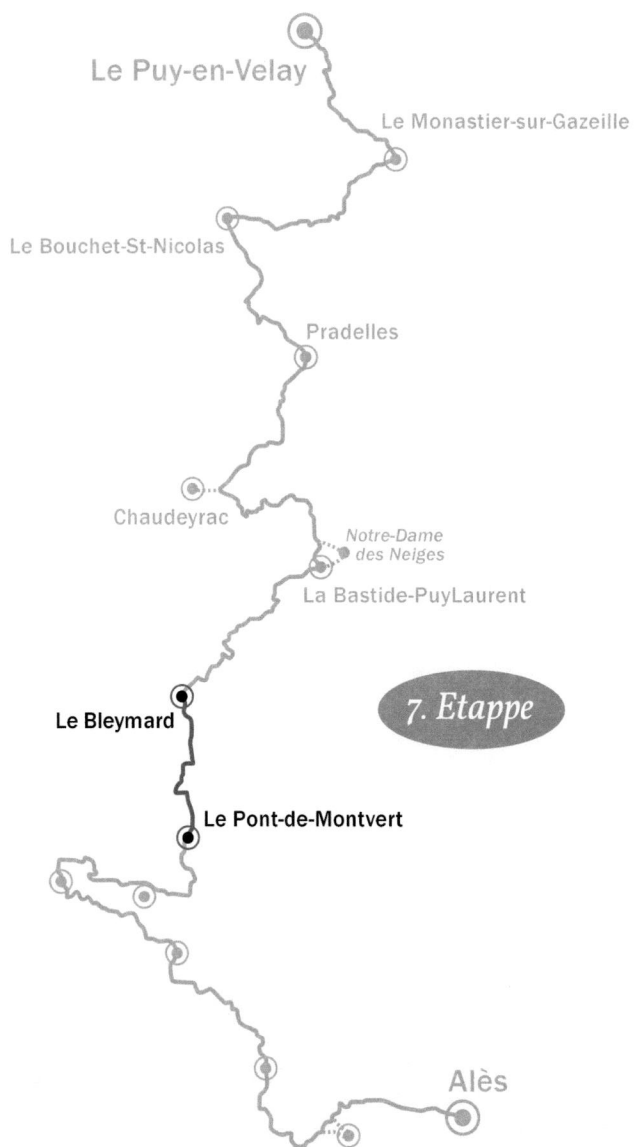

Le Puy-en-Velay

Le Monastier-sur-Gazeille

Le Bouchet-St-Nicolas

Pradelles

Chaudeyrac

Notre-Dame des Neiges

La Bastide-PuyLaurent

Le Bleymard

7. Etappe

Le Pont-de-Montvert

Alès

Über den Mont Lozère
Von Le Bleymard nach Le Pont-de-Montvert

»Er ist nicht in der Lage zu sagen, ob er mehr Freude empfindet, wenn er den Sack auf den Rücken packt oder wenn er ihn ablädt. Die Aufregung der Abreise stimmt ihn auf die der Ankunft ein.« (Stevenson)

An jenem Morgen wurde ich nicht durch Hahnkrähen, sondern durch das Schnarchen meines Zimmernachbarn geweckt, das allerdings ähnlich klang. Ich nutzte die Gelegenheit, um noch vor dem Frühstück durch die Gässchen des 350 Seelen zählenden Dörfchens Le Bleymard zu bummeln, das auf einer Höhe von etwa 1050 Metern nördlich des Mont Lozère liegt. Der kleine Ort war noch nicht zum Leben erwacht und wirkte ein wenig trist. Nur die Boulangerie war bereits geöffnet. Aus der geöffneten Tür drang der appetitanregende Geruch von frischem Baguette. Als die Sonne langsam hinter dem gewaltigen Gebirgsrücken emporgeklettert kam, schlenderte ich fröstelnd wieder in Richtung Hotel. Ich hoffte auf ein gutes *Petit déjeuner.*

Gut versorgt mit Proviant durch die Küche des Hotels Remise, startete ich um 9.00 Uhr zum 1699 Meter hoch liegenden Sommet de Finiel. Das Gebirgsmassiv des Mont Lozère galt es heute zu überqueren. Den dichten Höhenlinien auf meiner Wanderkarte nach zu urteilen, stand mir ein anstrengender Morgen bevor.

Nach kurzem Aufstieg kam eine längere, ebene Wegstrecke, die ich nutzte, um meine morgendlichen Stockübungen zu machen. Dann folgte ein langer steiler, steiniger und schweißtreibender Weg, der mich auf eine Höhe von etwa 1400 m brachte. Noch ein gutes Stück unterhalb der Baumgrenze durchquerte ich ein kleines Wäldchen. Hier könnte die Stelle gewesen sein, an der Stevenson mit seiner Modestine übernachtete und zu seiner wunderbaren Erzählung

»Eine Nacht unter Kiefern« inspiriert wurde.

»Unter dem Dach ist die Nacht eine stille, monotone Zeit; aber im Freien verläuft sie flink mit ihren Sternen, ihrem Tau und ihren Düften, und die Stunden sind gekennzeichnet von den Veränderungen im Antlitz der Natur. Was zwischen Wänden und Gardinen eingesperrten Menschen wie eine Art zeitweiliger Tod vorkommt, ist nur ein leichter und belebter Schlummer für jemanden, der draußen schläft.« (Stevenson)

Ich schlenderte weiter, in Gedanken bei dieser Geschichte, als plötzlich wie aus dem Nichts ein großes weißes Wohnmobil vor mir auftauchte. Es stand einsam auf einem riesigen asphaltierten Parkplatz, an dessen Ende sich Skistation, Hotel, Restauration und Skischule reihten. Keine Menschenseele konnte ich ausmachen, an diesem unwirklichen Ort, der das Antlitz der Landschaft auf gnadenlose Art und Weise verändert hatte. Mitten auf dem Platz drehte ich mich einmal um meine eigene Achse, die Gegend rundum erkundend. Ich stand hier auf 1468 Meter Höhe an der Landstraße, die Le Bleymard mit Le Pont-de-Montvert verbindet.

Der Wind strich leise über die nach Osten geneigten mickrigen Kiefern, hin zu einer hügeligen Landschaft, deren Gräser grün, gelb und violett in der Sonne schimmerten. Die schnurgerade Abfahrtspiste am Nordhang des Mont Lozère erinnerte mit ihrer zerstörten braungelben Grasnarbe an eine Flugabschussrampe ins Universum. Rechts und links eingefasst mit einem meterhohen Lattenzaun, der die bunte Heidelandschaft himmelwärts zerschnitt, endete sie gekrönt von ein paar weißen Wolkentupfern im tiefblauen Dach der Cevennen. Ich konnte mir gut vorstellen, welcher Rummel und welches Getümmel sich hier im vergangenen Winter abgespielt hatte.

Schnell weg hier, dachte ich, und wanderte weiter bergauf entlang dieser eintönigen Piste. Nach einer Weile ließ ich dieses Wundmal in der Natur auf einem schmalen, von Regengüssen ausgewaschenen Pfad hinter mir zurück. Der Weg war markiert mit ein bis zwei Meter hohen Felssteinen, die aussahen wie kleine Menhire. Bei Nebel und Schnee sicher eine gute Orientierungshilfe. Auf etwa 1600 Höhenmetern warnte eine Tafel die Wanderer davor, den Sommet de Finiels im Winter oder bei schlechter Sicht zu überqueren. Das Passieren mit dem Mountainbike ist grundsächlich nicht erlaubt.

Markstein am Mont Lozère

Der Aufstieg auf die Bergspitze des vorwiegend aus Granit bestehenden Bergmassivs hatte sich gelohnt. Bei klarem, sonnigem Wetter stand ich jetzt auf dem Sommet de Finiels, dem höchsten Punkt des Mont Lozère. Ein Pfahl mit einem kleinen Schild markiert dort eine Höhe von 1699 Metern. Märchenhafte Panoramablicke, unterstützt durch Steinblöcke mit Hinweistafeln in alle vier Himmelsrichtungen, verwöhnten meine Augen mit faszinierendem Ausblick auf die unergründlichen, in leichten Dunstschleier getauchten graublauen Hügelstaffellungen der Cevennen. Schier endlos reihten sie sich hintereinander wie ein Irrgarten bis zum Horizont.

Ein befreiendes Glücksgefühl ließ mich innehalten. Zugegeben, diese Höhe ist für gestandene Bergwanderer vielleicht ein lächerlicher Akt und sicherlich kein Gipfelerlebnis. Für mich aber war dieser Moment ein ganz besonderer. Nach dem Start vor sieben Tagen in Le Puy war etwa die Hälfte der gesamten Wanderstrecke geschafft. Die durchweg positiven Erfahrungen der Tour hinter mir lassend, schwebten meine Gedanken jetzt leicht und entspannt dahin, während all meine Sorgen so weit weg waren, wie das Meer, das sich hinter unzähligen Bergrücken weit im Süden vermuten ließ. Für mich eine angenehme Harmonie mit tiefsinniger Melodie und wohlklingenden Akkorden.

»Anstelle der faden Graslehne, die ich so lange emporgestiegen war, bot sich mir die Sicht in den dunstigen Himmelsraum und in eine verworrene blaue Hügellandschaft zu meinen Füßen« *(Stevenson)*

Von hier, dem höchsten Berg der Cevennen, erstreckt sich heute ein Naturschutzgebiet bis hin zum Mont Aigoual, der mit 1567 m Höhe der bekannteste Gipfel der Cevennen ist.

»Wer die Cévennen besucht, entdeckt wie Stevenson ein Land voller spannungsreicher Vielfalt. Weite, wilde Hochebenen und tiefe Schluchten; bewaldete Berge mit kahlen Gipfeln, vom Heidekraut lila gefärbt; bizarre Felsen und Hänge, bedeckt mit uralten Kastanienwäldern; Tälern, in denen die klaren Wasser der Gardons eine reichhaltige Vegetation ermöglichen; hier eine mediterrane Vegetation mit Ölbäumen und Palmen und ein wenig weiter unwirtlich anmutendes Hochland; Glockentürme und bunte Märkte; trocken-heiße Sommertage mit sternklaren Nächten.

Wer diese landschaftlich so vielfältige, geschichtsträchtige Gegend zwischen Florac und Alès, zwischen Causses und Mont Lozères einmal entdeckt hat, der kommt nur schwer wieder von ihr los. Er ist infiziert mit dem Cévennen-Virus.« (Christoph Lenhartz und Hans Walter Goll, Cevennen für Freunde)

Diesen Virus habe ich mir schon vor vielen Jahren eingefangen, während etlicher Wanderungen durch diese urwüchsige, mit atemberaubenden Schönheiten der Natur gesegnete Region Frankreichs.

Faszinierend ist aber auch die Geschichte der Cevennen. Stevenson folgte zielgenau den historischen Orten, in denen der Bürgerkrieg von 1702 bis 1704 eine Blutspur hinterließ. Der Krieg zwischen Katholiken und Protestanten führte auf beiden Seiten zu Hass und grausamer Brutalität. Die Camisarden, der militärische Arm der Hugenotten, operierten aus den unzugänglichen Gebirgsregionen der Cevennen heraus mit einem Partisanenkrieg gegen die Übermacht der Truppen Ludwig XIV. Die breite Unterstützung der Camisarden durch die Landbevölkerung bewirkte schließlich, dass die königlichen Truppen im Herbst 1703 über 400 Städtchen, Dörfer und Weiler der Cevennen niederbrannten oder zerstörten. Der Krieg endete mit der Entvölkerung der Cevennen, was sich bis heute auswirkt. Wer sich tiefgreifender über den Religionskrieg informieren möchte, dem empfehle ich das Buch, »Cevennen für Freunde« zu lesen.

Der Abstieg hatte es in sich. Ein steiler, steiniger, durch Regenwasser ausgespülter Pfad, stellte höchste Anforderungen an meine Kniegelenke. Es war äußerste Vorsicht geboten, um in den Geröllfeldern nicht ins Rutschen zu kommen. Modestine, die sich ängstlich an meinen Rucksack klammerte, hätte mir einen Sturz sicherlich mit Holzsplittergeräuschen und disharmonischen Saitenklängen quittiert.

»Ein Pfad schlängelte sich in Korkenzieherwindungen einen halsbrecherischen Hang hinunter. Er führte in ein Tal zwischen abschüssigen Hügeln, stoppelig mit Felsbrocken wie ein abgeerntetes Kornfeld und weiter unten mit grünen Wiesenteppichen ausgelegt.« (Stevenson)

Heilfroh, unversehrt das Tal erreicht zu haben, suchte ich einen dieser grünen Teppiche auf, um ausgiebig zu picknicken. Danach legte ich mich behaglich mit übereinandergeschlagenen Beinen auf den Rücken, platzierte Modestine quer vor meiner Brust und zupfte auf ihr »Wolkenlos«, ein Gitarreninstrumental von mir. Ich war mit mir und der Welt zufrieden und blinzelte verträumt gegen den Himmel, ohne auch nur die winzigsten Wölkchen ausfindig zu machen. Dabei muss ich wohl kurz eingeschlummert sein.

Ein Hinweisschild mit der Aufschrift »*Attention Rucher*« warnte mich vor Bienen, ließ aber auch vermuten, dass ich mich unweit der kleinen Ansiedlung Finiels befand, die auf etwa 1400 m am Südhang des Mont Lozère liegt. Ein breiter Feldweg brachte mich wenig später in das Dörfchen, in dem ich bei Mario und Jacqueline während meiner Wanderung im letzten Jahr mit meinem Wanderkumpel Joachim Quartier gefunden hatte. Ich erfrischte mich am süßen Quellwasser des Dorfbrunnens, das mit dickem Strahl eiskalt in einen Steintrog floss. Dann brach ich auf, um den beiden einen kleinen Besuch abzustatten.

Die Herzlichkeit, die hervorragende Beköstigung und den amüsanten Abend hatte ich noch in guter Erinnerung. Damals, nach dem Abendessen, griff unser Gastgeber Mario mit seinen großen, von harter Arbeit gezeichneten Fingern, in die Tasten seines Akkordeons und ich zupfte dazu auf meiner Gitarre, die ein gutes Stück größer und schwerer als Modestine war. Mario und ich sorgten für eine richtig gute Stimmung, als wir zusammen mit den anderen Gästen, einer englischen Wandergruppe, um einen langen schweren Eichentisch saßen, die Gesangskunst pflegten und dabei die Karaffen leerten.

Am nächsten Morgen frühstückten wir zusammen mit den Kindern und tunkten wie sie unser Baguette in die Schale mit *Café au lait*, um es dann, etwas vorgebeugt, in den Mund zu führen. Ein Teil des köstlichen Getränks floss aber prompt über meinen Kinnbart und meine Backen auf den Tisch, der bald aussah wie das Umfeld eines Schweinetrogs. Das schelmenhafte Gelächter der Kinder über meine Unbeholfenheit beim Verzehr des traditionellen *Petit déjeuner* war mir etwas peinlich und lockte Mario und Jacqueline herbei, die mit ihrer Herzlichkeit und einem ehrlichen *»pas de problème«* meine Verlegenheit augenblicklich schrumpfen ließen. Ich nutzte die Gelegenheit, die Handwerkskunst des Schreiners zu loben, welcher diesen ungewöhnlichen Holztisch angefertigt hatte. Mit einem Hauch von Stolz im verwitterten und von der Gebirgssonne gegerbten Gesicht verriet mir Mario, dass er diesen Eichentisch natürlich selber konstruiert und zusammengeschreinert hätte.

Mario ist ein leidenschaftlicher Schreiner, Zimmermann, Maurer, Bauer, Pensionswirt, und wenn ich ihn richtig verstanden habe, ist er auch so eine Art Bürgermeister von Finiels. Er hat eigenhändig sein Haus renoviert und mit seiner zierlichen Frau speziell für Wanderer auf dem Stevensonpfad ein paar Fremdenzimmer eingerichtet. So hilft heute Stevenson, rund 130 Jahre später, das karge Einkommen der Landbevölkerung in dieser einsamen Gegend aufzubessern.

Fast genau ein Jahr später stand ich nun wieder vor diesem Haus. Ich rief mehrmals durch die weit geöffnete Tür: *»Mario, Jacqueline.«* Vergeblich, niemand war zu sehen und zu hören. Schade. Wahrscheinlich waren sie irgendwo bei der Arbeit. Also verließ ich die kleine Ansiedlung in südlicher Richtung, um mein Tagesziel, das Dorf Le Pont-de-

Montvert am Tarn, zu erreichen.

Der Weg schlängelte sich an riesigen Felsblöcken und Felskugeln vorbei, die, als seien sie einfach vom Himmel gefallen, verstreut auf der saftigen Wiesenlandschaft rumlagen. Ein paar Kühe dösten im Schatten dieser Gesteine, zu faul, um ihre Schädel auch nur einen Millimeter in meine Richtung zu bewegen.

Auf dem Weg nach Le Pont-de-Montvert

Im letzten Abschnitt vor Le Pont-de-Montvert ist der GR 70 umgelegt worden und nicht mehr mit der Wegführung auf der Wanderkarte identisch. Der Weg weicht hier leicht von der Originalroute Stevensons ab. Man muss also aufpassen und sich konsequent an die rotweiße Markierung halten. Ich folgte einem Pfad, der quer über eingezäuntes Weideland führte, vorbei an einem kleinen Weiler, dessen einzige Lebewesen, die ich wahrnehmen konnte, aus einer Handvoll freilaufender Hühner bestand. Diese flüchteten laut gackernd hinter die halbverfallene Hofmauer. Nachdem ich wieder einmal ein Weidegatter hinter mir verschlossen hatte, bot sich mir plötzlich eine grandiose Aussicht in das Tal des Tarn und auf das Steindächerensemble von Le Pont-de-Montvert.

»Bald darauf ergoss sich der Bach, dem ich gefolgt war, in den Tarn, und ich war in Le Pont-de-Montvert blutigen Angedenkens«. (Stevenson)

Wie vor einem Jahr löschte ich genüsslich und zufrieden meinen Durst mit einem kühlen Bier, serviert vom selben Kellner, unter der selben schattigen Platane an der Tarnbrücke. Ich streckte meine müden Füße weit unter den Tisch, lehnte mich entspannt zurück und ließ meine Gedanken treiben. Manchmal blinzelte die Spätnachmittagssonne durch das hellgrüne Blätterdach der Platane.

Nach einer Weile stand auf einmal ein junger Franzose grinsend vor mir. Ich erkannte ihn sofort wieder, den sportlichen drahtigen Vierbeiner, der mich vor zwei Tagen in der Nähe des Dörfchen Mirandol mit seinen zwei Teleskopstöcken überholt hatte, um mich dann, als einen leicht beschämten Wanderer hinter sich zu lassen. Ich lud ihn sofort ein, sich zu setzen. Er heiße François, sei Arzt aus Clermont-Ferrand und würde ebenfalls den gesamten Chemin de Stevenson bis nach Alès wandern, erzählte er mir. Nächtigen täte er immer in seinem kleinen Wanderzelt auf Campingplätzen. Ich fragte ihn, warum er mit einem Zelt schwer bepackt unterwegs sei und nicht die Annehmlichkeiten eines Hotels vorzöge. Er antwortete mit einem breiten Lachen: *»C'est ma liberté.«* (Das ist meine Freiheit)
»Et vous, pourquoi vous portez une guitare?« fragte er zurück. (Und Sie, warum schleppen Sie eine Gitarre mit?)

Ich versuchte ihm zu erklären, dass ich so wie Stevenson mit einer Modestine wandern wolle und das ich für längere Zeit nur ungern auf das Gitarrenspielen verzichten möchte.

Zunächst begutachtete er etwas verwirrt die Konstruktion der kleinen Gitarre. Als er aber dann durch das kleine

Schallloch ihr Innenleben studierte und auf dem Etikett den Namen »Modestine« las, sowie »Handgemacht von Lino Battiston«, verstand er. Sehr, sehr vorsichtig und voll Respekt reichte er mir die Gitarre zurück, auf der ich ihm dann ein kleines Ständchen spielte.

Er übernahm trotz meines Protestes die Getränkerechnung. Wir verabschiedeten uns herzlich. Während er leichten Schrittes in Richtung Campinglatz verschwand, brachte ich meine müden Glieder wieder in Bewegung, um mein Hotel zu suchen, das ganz in der Nähe sein musste. Übrigens, François habe ich nicht wieder gesehen. Er war eben der Schnellere.

Das Hotel La Truite Enchantée (Die fröhliche Forelle) hatte ich rasch ausfindig gemacht, obwohl sein Aussehen weit von dem eines Hotels entfernt war. Ein Gebäude in einer Häuserfront mit einem violettfarbenen hölzernen Tor, das in alle Richtungen schief und krumm in den Angeln hing. Daneben eine Öffnung, hinter der eine Treppe zu sehen war. Allerlei Wildkräuter und Blumen sprengten die Fugen des Mauerwerks, an dem rechts des Durchgangs ein grünes Schild mit der Aufschrift »La Truite Enchantée« und links ein kleines Schild mit der Speisekarte befestigt war. Aus allen Ecken und den fingerdicken Rissen der alten Steintreppe, die mich zur eigentlichen Eingangstür eine Etage höher führte, sprossten zahlreiche Gräser und Wildblümchen dem Himmel entgegen. An der Haustür fand ich dann einen Zettel mit folgender Aufschrift:

»Bonjour Monsieur Battiston! Prenez l'entrée qui se trouve à l'arrière de la maison, la porte est ouverte. Votre chambre est la n°3 au premier étage, la clé est sur la porte. Nous sommes vite de retour.« (Guten Tag Herr Battiston! Nehmen Sie den Eingang hinter dem Haus, die Tür ist offen. 1. Etage, Zimmer Nr. 3, der Schlüssel steckt. Wir sind bald wieder da.)

Ich dachte bei mir, oje, oje, wo bist du denn hier gestrandet. Als ich das Zimmer betrat, kam ich leicht ins Wanken. Mit einem Fußboden in Schräglage hatte ich nicht gerechnet. Ansonsten aber ein sauberes Zimmer, das mir alles bot, was ich brauchte. Das Fenster reichte von der Decke bis fast zum Boden und war bis zur Hälfte mit Eisenstäben gesichert. Wahrscheinlich um zu vermeiden, dass ein Schlafwandler Fenster mit Tür verwechselt. Ein Blick in den Naturgarten präsentierte mir mindesten 15 prächtige Hauskatzen, die auf den Bänken und Tischen schliefen, oder sich um die Fressnäpfe drängten. Die angrenzenden Steinhäuser, auf deren Dächer noch die Abendsonne schien, warfen tiefe Schatten in den Garten. Ein fast gespenstiger Anblick.

Das Abendmenu wurde mir in einer romantischen Atmosphäre auf der kleinen Terrasse serviert, die mir einen Blick auf die Tarnbrücke, den Glockenturm und das abendliche Dorftreiben schenkte. An diesem Abend aß ich die beste Forelle meines Lebens.

Glockenturm an der Brücke in Le Pont-de-Montvert

Markt, Menschen & Mythen

Ein Tag in Le Pont-de-Montvert

»Dem Ort mit seinen Häusern, seinen Gassen, seinem glitzernden Flussbett haftet eine nicht zu beschreibende südliche Note an. ... Die Überquerung des Mont Lozère hatte mich nicht nur in eine neue Landschaft geführt, sondern in das Gebiet einer anderen Rasse.« (Stevenson)

In Le Pont-de-Montvert, dem charmanten Ort voller südfranzösischem Flair, treffen die Flüsschen Tarn, Rieumalet und Martinet auf ca. 880 Meter Höhe zusammen. Das mediterrane Klima, die Farbenpracht und die Helligkeit auf der Südflanke des Lozère-Massivs ergeben ein kontrastreiches Ambiente gegenüber den Hochnebeln auf den Gebirgskämmen des Nordens. Das malerische Gesamtbild des Ortes, mit den engen Gässchen, den mit zahlreichen blumengeschmückten uralten Häusern aus Granitstein, der gewölbten historischen Steinbrücke mit ihrem alten Zollturm und den fröhlichen Menschen, ergibt die stimmige Komposition einer authentischen Lebenswelt.

Blick auf Le Pont-de-Montvert

Geweckt wurde ich an diesem Morgen nicht durch Hähnekrähen oder Schnarchen eines Zimmernachbarn, auch nicht durch das Miauen der 15 Katzen im Garten, sondern durch Geklapper von Stangen und Brettern, Motorengeräuschen, Türenzuschlagen, Rufe, Gemurmel und Hupen. Meine Vermutung, dass heute Markttag in Le Pont-de-Montvert sei, bestätigte sich, als ich durch das Toilettenfenster auf die Straße blickte.

Das traf sich gut, denn ich hatte für heute einen Ruhetag eingeplant, um meine Kleider einer intensiveren Wäsche zu unterziehen, aber auch um meinen Füßen etwas Erholung zu gönnen. Beim Frühstück lernte ich den Koch kennen, der ein Wort deutsch konnte und das war »Regenschirm«. Bei dem Versuch, ihn bei der Aussprache zu korrigieren, plapperte er mir das Wort freudestrahlend wie ein Papagei mehrmals nach. Dann gab er mir zu verstehen, dass ich einen solchen am nächsten Tag dringend bräuchte, was mein Gemüt nicht gerade erhellte. Umringt von Katzen hing ich danach meine Wäsche im Garten zum Trocknen an eine Leine. Einige der Katzen versteckten sich scheu unter den Tischen und Bänken, andere knabberten unbeeindruckt an den Forellenresten vom Vortag.

Ich beeilte mich, um in das Markttreiben einzutauchen. Gut gelaunt und voll Neugierde schlenderte ich durch ein für diesen kleinen Ort doch beachtliches Menschengewühl. Vorbei an urigen Ständen, die wohlriechende Landwurst, Geflügel, Wild, bunte Obstsorten, Biogemüse, Honig, Kastanien, Pilze, Textilien usw. anboten, erreichte ich nach wenigen Minuten die Tarnbrücke. Hier war der Markt auch schon zu Ende. Ich kehrte wieder um, kam zum zweiten Mal an einem Stand mit exclusiven Messern vorbei, widerstand der Verlockung, fand dafür aber einen freien Sitzplatz vor einem der beiden Restaurants. Ich setzte mich in einen ausgebleichten Plastikstuhl, der fast auf der Straße stand, bestellte mir einen *petit café* und beobachtete die Menschen.

Mir gegenüber befand sich ein Käsestand, dessen Inhaber immerzu lauthals mit Humor und Lockrufen versuchte, die Passanten zum Halten zu bewegen, um ihnen seinen *Fromage de chèvres* schmackhaft zu machen. Eben ein typischer Marktschreier. Der Mann sah fast aus wie ein Highlander, groß und kräftig gebaut, in braunem verwaschenem Sackleinen gekleidet und mit einem bunten Stirnband geschmückt, das seine schulterlangen blonden Haare zusammenhielt. Dagegen war seine Partnerin eher klein und ein bisschen pummelig. Sie war trotz des warmen Wetters in ein dickes Baumwollkleid gehüllt. Als Kopfbedeckung trug sie eine große Lammfellmütze, die nach oben spitz zulief und einem Gartenzwergkäppi ähnelte. Ein paar rote Haarsträhnchen lugten im Bereich der Ohren unter der Mütze hervor. Ich glaubte in ihrem Sommersprossengesicht zu erkennen, dass sie sich nicht wirklich wohl fühlte, so, als Witzfigur. Wahrscheinlich entsprach dieses Outfit ihrer Verkaufsphilosophie, denn der Erfolg gab ihnen Recht. Ständig war eine kleine Menschentraube an ihrem Stand versammelt, mit der die beiden lebhaft floskelten und verhandelten, und wie ich sah, letztendlich auch einige Pfunde Käse verkauften.

Unweit zwischen zwei Platanen parkte ein alter verbeulter und verschrammelter Citroën-Kastenwagen. Der gelblichen Lackfarbe nach zu urteilen, war es wohl ein ehemaliges Postauto. Vor der geöffneten Schiebetür saß ein Schäfer auf einem Klappstuhl, ebenfalls bereit, seine Produkte zu verkaufen. Sein Hund lag gelangweilt neben ihm auf dem Asphalt und döste vor sich hin. Rein äußerlich war der Mann das genaue Gegenteil von Highlander. Der dürre Körper steckte in alten abgetragenen, schmuddeligen Klamotten und ausgelatschten Stiefeln. Sein Kopf versteckte sich zur Hälfte hinter einem zotteligen Bart und zur anderen Hälfte hinter einem tief in die Stirn gezogenen Schlapphut und schulterlangen Haaren. Eine nicht gerade einladende und verkaufsfördernde Präsentation dachte ich, als der Kellner ihm gerade ein Bierchen servierte. Und doch, hin und wieder machte auch bei ihm ein Marktsbesucher halt und kaufte etwas von seinen Produkten. Vielleicht stimmte die Qualität. Dem Schäfer schien sein bescheidener Umsatz wohl zu genügen. Alsbald bestellte er sich das nächste Bierchen. Na dann Prost!

Als ich meine zweite Tasse Kaffee schlürfte, setzte sich ein Mann von etwa sechzig Jahren an einen Nebentisch, dessen äußeres Erscheinungsbild meine volle Aufmerksamkeit erregte. Hier war ein Mensch im vorigen Jahrhundert stehengeblieben. Ich musterte ihn heimlich durch meine Sonnenbrille. Die langen gewellten Haare, die akkurat durch einen Mittelscheitel geteilt waren, hingen weit über seine Schultern und der Vollbart reichte ihm fast bis zur Brust. Eine gewisse Ähnlichkeit mit Jesus, so wie ihn das berühmte Gemälde von Leonardo da Vinci beim letzten Abendmal darstellt, war unübersehbar, wäre da nicht die runde Brille gewesen. Aha, John Lennons Zwillingsbruder. Ringel-T-Shirt, weite Blümchenhose und Jesussandalen vervollständigten das Gesamtbild eines Hippies der sechziger Jahre. Nur die Gitarre fehlte. Jetzt drehte er sich eine dicke Zigarette, die er eventuell mit einer Prise versüßt hatte, lehnte sich entspannt zurück und wartete auf seinen Cognac. Ein glücklicher Mensch, mit sich und der Welt im Einklang.

»Setz dich nieder, wo du willst, auf Mauer, Fels oder Baumstumpf, auf Gras oder Erde: Überall umgibt dich ein Bild und Gedicht, überall klingt die Welt um dich her schön und glücklich zusammen.« (Hermann Hesse)

Als die rostig klingende Turmglocke zwölfmal schlug, wurden die ersten Stände abgebaut. Lennon schnappte sein lederndes Täschchen und schlenderte gemächlich zum Ende der Straße hin. Ich vermutete, dass er das an einer Platane angekettete, bunt angemalte Fahrrad sein Eigen nennen durfte. Doch weit gefehlt. Dem Fahrrad schenkte er nicht einmal einen Blick, sondern schwang sich gekonnt über die Türkante eines dahinter parkenden Mercedes E 220 Cabriolet, das mit offenem Verdeck dort auf ihn wartete. Ich nahm verwundert meine Sonnenbrille von der Nase, um sicherzugehen, dass ich nicht einer Täuschung unterläge. Doch es war die Wirklichkeit. John Lennon brauste mit flatternden Haaren in seiner silberfarbenen Fünfzigtausendeurokarosse davon. Was lehrte mich das: Kleider machen eben nicht immer Leute.

Der Schäfer saß immer noch auf seinem Klappstuhl und kraulte seinen Hund im Nacken, der ihm das mit wedelndem Schwanz und einem treuen Blick dankte. Von dort, wo ich das Schäfergesicht vermutete, stiegen dünne feine Rauchschwaden unters Platanendach, um sich dort zu verflüchtigten.

Highlander baute fluchend seinen riesigen Stand auseinander, während seine Partnerin, die sich längst ihrer lächerlichen Mütze entledigt hatte, den übriggebliebenen Käse in Thermoboxen verpackte. Das alles musste in einem großen Lieferwagen verstaut werden, der jetzt mitten auf der Straße stand und morgen sicherlich wieder voll beladen in einem anderen Dorf zum Einsatz kam. Im Vorbeigehen hörte ich erstaunt, dass sie deutsch redeten. Wahrscheinlich hatten sie vor Jahren Deutschland den Rücken gekehrt, um hier in den Cevennen einen Hof zu betreiben. Typische Aussteiger vermutete ich und überlegte, ob sie hier wohl auch ihr Glück gefunden haben. Tut uns leid, zum Plaudern haben wir gerade jetzt keine Zeit, sagten sie zu mir, als ich sie ansprach. Ich wünschte ihnen alles Gute und trollte mich davon. Alles hat seinen Preis, dachte ich mir.

Der Schäfer klappte seinen Stuhl zusammen und warf ihn ins Auto, knallte die Schiebetür zu und bewegte sich dann langsam in Richtung Bar. Der Hund trottete hinter ihm her.

Ich brauchte jetzt dringend etwas Bewegung und nahm mir vor, den Ort zu erkunden. Um nicht wahllos in der

Gegend rumzurennen, informierte ich mich zuerst im Office de tourisme. Ausgerüstet mit einem Faltblatt, das die wichtigsten Punkte des Ortes in einem *Sentier du Pont* zusammenfasste, machte ich mich auf den Weg. Nach einer Stunde hatte ich alle historischen Gebäude, Plätze und Kirchen gesehen, außer dem Museum. Nun überquerte ich die Tarnbrücke mit ihrem Glockenturm, in dem früher der Brückenzoll erhoben wurde.

Am Nordufer, wo der Rieumalet in den Tarn fließt, stand das Haus von Abbé du Cheila, dem berüchtigten Abt und Missionsinspektor der Cevennen, der durch seine qualvollen Folterwerkzeuge und das brutale Vorgehen gegen die Protestanten bekannt war. Hier in Le Pont-de-Montvert begann 1702 der Camisardenkrieg wegen der Ermordung dieses Priesters. Eine Gruppe von Aufständischen, unter der Führung von Pierre Esprit Séguier, steckten sein Haus in Brand und schleppten ihn anschließend hier auf den Marktplatz, um ihn zu erdolchen.

»Einer nach dem anderen, Séguier zuerst, traten die Camisarden an ihn heran und versetzten ihm einen Dolchstoß. Dies, sagten sie, ist für meinen gerädertern Vater. Das ist für meinen Bruder auf den Galeeren. Das ist für meine Mutter oder Schwester, die in einem eurer Klöster eingesperrt wurde.« Jeder verabreichte seinen Stoß und begründete ihn. Dann knieten sie alle nieder und sangen bis zum Morgengrauen um den Leichnam herum Psalmen.« (Stevenson)

Der Mythos um die Camisardenzeit wird durch überlieferte Geschichten von Generation zu Generation weitererzählt und wachgehalten, nicht zuletzt auch durch den vorzüglich schmeckenden Camisardenlikör, der in den meisten Bars angeboten wird.

Am Abend wurde es still und kühl in Le Pont-de-Montvert. Ich setzte mich noch eine Weile auf die Mauer, die die

Straße zum Tarn hin abstützt. Die letzten Sonnenstrahlen fielen ins Tal und glitzerten silbrig im kristallklaren Wasser, das in kleinen Stromschnellen über dicke und dünne Kieselsteine plätscherte. Ein Angler stand auf einer kleinen Sandbank und schwang eifrig seine Rute, in der Hoffnung, noch eine hungrige Forelle zu erwischen.

Der Tarn, nahe seiner Quelle, ähnelt hier noch einem Gebirgsbach. Nachdem er imposante Schluchten in die Grands Causses (Große Kalkplateaus) gegraben hat und bei Millau unter der längsten Schrägseilhängebrücke der Welt geflossen ist, findet er dann, nach 380 Kilometern von der Quelle bis zur Mündung, seinen Weg in die Garonne.

Entspannung in der Hauptstraße

Eines der beiden Restaurants war bereits geschlossen, aus dem anderen waren Stimmen zu hören, die nach einer angeregten Diskussion klangen. Des Schäfers Hund schlief mitten auf der Straße, unweit des alten gelben Citroëns, der immer noch zwischen den Platanen parkte. Er hob nur kurz den Kopf, als ein Auto vorbeikam, sah aber keinen

Grund zu weichen und der Fahrer musste über den Bürgersteig seine Fahrt fortsetzen. Der hat aber die Ruhe weg, dachte ich, während jetzt auch sein Herrchen vor die Tür kam. Er lüftete sofort seinen Hut und warf mir mit krächzender Stimme ein lallendes *»Bonsoir Monsieur«* zu. Dann begann er, leicht schwankend und hoch konzentriert auf das kleine weiße Papier in seinen Finger starrend, sich eine Zigarette zu drehen. Sein Hund streckte sich, schüttelte den Straßenstaub von seinem Fell und trottete zu seinem Herrchen, vom dem er auch prompt ein paar liebevolle Streicheleinheiten bekam. Die beiden schienen glücklich zu sein.

Ein Tag in Le Pont-de-Montvert. Es hatte sich gelohnt.

Le Pont-de-Montvert

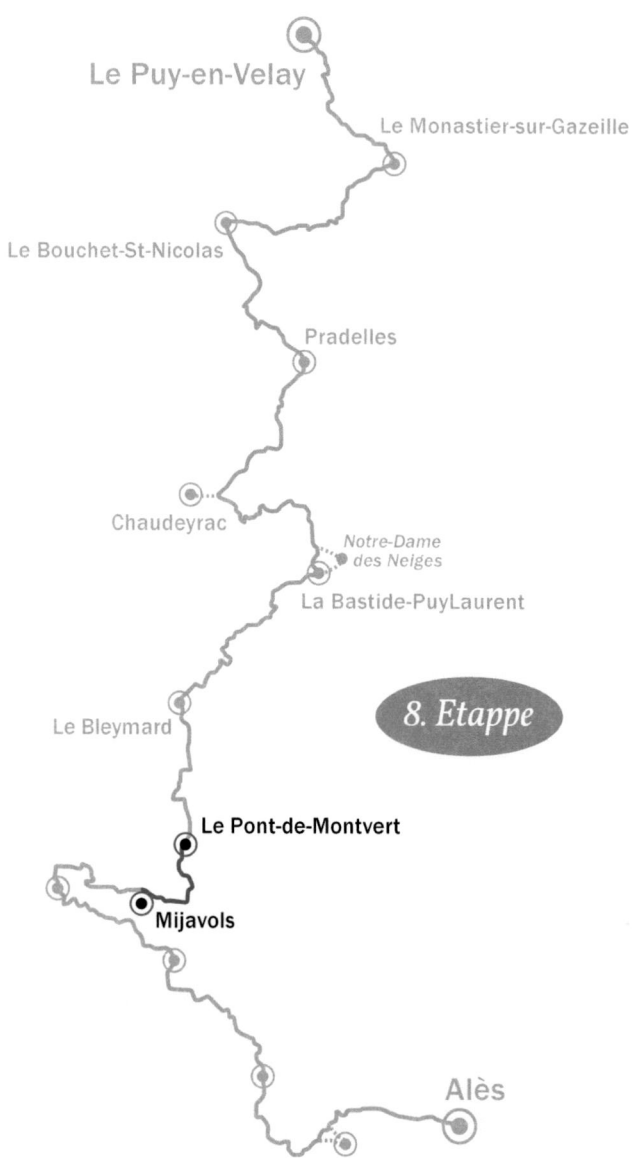

Le Puy-en-Velay

Le Monastier-sur-Gazeille

Le Bouchet-St-Nicolas

Pradelles

Chaudeyrac

Notre-Dame
des Neiges

La Bastide-PuyLaurent

8. Etappe

Le Bleymard

Le Pont-de-Montvert

Mijavols

Alès

Grüß Gott am Signal du Bougès
Von Le Pont-de-Montvert nach Mijavols

»Das erste Dorf auf der Südseite der Berge. Hier beginnt erst recht das Wanderleben, das ich liebe, das ziellose Schweifen, die sonnigen Rasten, das befreite Vagabundentum. Ich neige sehr dazu, aus dem Rucksack zu leben und Fransen an den Hosen zu tragen.« (Hermann Hesse)

Bevor ich an diesem Morgen die Tarnbrücke überquerte, die Turmuhr schlug gerade neun, wechselte ich die Straßenseite, um an dem gelben Postauto vorbeizukommen, das immer noch zwischen den zwei Platanen stand, bewacht von Schäfers Hund. Die Sonne blickte schon über die östlichen Hügel und schickte wärmende Strahlen, die durch die Seitenfester den Innenraum des Autos erhellten. Und da lag er, leicht gekrümmt zwischen Kisten, Säcken, Draht und Seilen, halb zugedeckt mit Lammfell und Schäferhut, auf der Ladefläche. Amüsiert dachte ich bei mir: Dem Glücklichen schlägt eben keine Stunde.

Stevenson wählte damals die neu gebaute Straße durch das Tarntal, um nach Florac zu kommen. Weil für den Wanderer weniger reizvoll über Asphalt zu laufen, wurde von den Routenplanern der Weg über das Bougès-Massiv gewählt. Hier weicht also der GR 70 erheblich von der Originalroute Stevenson ab. Der Weg führte mich über einen alten Viehherdenweg, eine sogenannte *Draille*, serpentinenartig auf eine Hochebene. Ein letzter Blick ins Tal. Die Steindächer von Le Pont-de-Montvert schimmerten graublau im Licht der Morgensonne. Dann schlenderte ich gemütlich weiter, begleitet wieder von Einsamkeit und Stille. Nur der Wind summte leise seine Melodien, zu denen ich mit ein paar Stockübungen den Takt hielt.

»Indem ich allein dahinmarschierte, fiel mir ein, dass ich im Grunde alle meine Wege so einsam gemacht habe, und nicht nur die Spaziergänge, sondern alle Schritte meines Lebens.« (Hermann Hesse, *Eine Fußreise im Herbst)*

Ein schmaler ebener Pfad schlängelte sich über ausgedehnte Weiden, gesäumt von niedrigen Steinwällen oder zweireihigem rostigem Stacheldraht, der an krummen Pfosten befestigt war. In der Ferne waren hier und da mal ein paar Rinder zu sehen, und als ich mich einmal umdrehte, im Norden die Bergrücken des Mont Lozère. Bei diesem entspannten Wandern fiel mir eine Atemübung aus dem Yoga ein. Mit Daumen und Mittelfinger schließt man abwechselnd beim Ein- und Ausatmen durch die Nase den rechten und dann den linken Nasenflügel. Beim Einatmen zählt man bis acht und beim Ausatmen bis zehn. Und diese Technik versuchte ich, allerdings durch beide Nasenlöcher atmend, synchron zu meinem Schrittrhythmus anzuwenden. Und siehe da, nach zehn Minuten erlangte ich zwar nicht die erhoffte Erleuchtung, aber immerhin eine tiefe innere Ruhe und Zufriedenheit.

Am Himmel zogen von Westen düstere Wolken heran, als ich durch meterhohes Farnkraut pfeifend wieder talwärts wanderte. Ob die Prophezeiung vom *Chef de cuisine* (Küchenchef) des Hotels La Truite Enchantée wohl in Erfüllung geht und ich heute meinen *Parapluie* zücken muss? Ich hoffte nicht.

Nachdem ich im Tal an einem kristallklaren Bächlein picknickte und noch eine kleine Weile den flinken Forellen beim Mückenschnappen zugeschaut hatte, machte ich mich auf, zu einem langen Anstieg zu den Bergrücken des Bougès-Massivs. Die dunklen Wolken verzogen sich langsam und hie und da ließ sich die Sonne wieder blicken. Mein Freund vom Hotel war wohl ein guter Koch, aber ein schlechter Prophet.

Mit meinem zunächst gehassten Stock hatte ich mittlerweile eine so tiefe Freundschaft geschlossen, dass ich sogar mindestens einen Kilometer wegen ihm zurücklief, weil ich ihn vergessen hatte. Und das bergab. Glücklich fand ich ihn wieder an meinem Picknick-Bächlein, in dem die Forellen immer noch gierig auf Beutezug waren.

Der mühsame Aufstieg führte über die dichtbewaldete Nordflanke des Massivs. Bevor ich endlich den Signal du Bougès auf einer Höhe von 1421 Metern erreichte, wurde ich von etlichen aus flachen Schiefersteinen aufgeschichteten meterhohen Haufen empfangen. Regungslos standen sie da wie ein Trupp Soldaten in grauer Uniform, die »Stillgestanden« über den Bergkamm wachten. Ich tat es meinen wanderfreudigen Vorgängern nach, suchte mir einen schönen Stein und platzierte ihn auf dem Schutzhelm des größten Soldaten. Ich musste mich ganz schön strecken, um ihn sicher dort abzulegen.

»Steinsoldaten« am Signal du Bougès

Mein Weg führte mich jetzt über den Kamm des Bougès-Massivs ohne bedeutende Höhenunterschiede in westliche Richtung. Der rechte Steilhang gegen Norden war sehr stark bewaldet, während die südliche Seite eher einer kargen

Heidelandschaft ähnelte. Ich schlenderte vor mich hin und genoss die Rundum-Fernsicht über die Hügelketten der Cevennen, als mir plötzlich eine größere Wandergruppe entgegen kam. Diszipliniert marschierten die durchweg männlichen Teilnehmer der Gruppe hintereinander im Abstand von etwa zwei Metern über den schmalen Grat.

Ich trat respektvoll zur Seite, um sie vorbei zu lassen. Und dann ging es los: *»Bonjour«, »Bonjour«, »Bonjour«, »Bonjour«* usw. Irgendetwas kam mir dabei seltsam vor, aber vor lauter Bonjour hatte ich keine Zeit zum Nachdenken. Der Letzte der Gruppe war in Sicht. Es wurde auch Zeit, denn ich stand in Schräglage und mein rechtes Bein fing an zu schmerzen. Nachdem ich mindestens dreißigmal Bonjour gesagt hatte, fehlten mir dann beim Schlusslicht der Karawane doch die Worte. Ein stämmiger Mittvierziger, die Fäuste fest in die Tragriemen seines Rucksacks gekrallt, sagte zu mir im Vorbeimarschieren: »Grüß Gott«. Ich war perplex. Die Erwiderung seines Grußes blieb ich ihm leider schuldig. Bevor ich begriff, war er auch schon weg. Ich blickte verdutzt der Gruppe hinterher und stellte mir dann die Frage: Kamen die etwa alle aus Bayern? Bald waren sie außer Sichtweite. Wahrscheinlich legte jeder gleich brav seinen Stein auf einen der Steinhaufen. Eine Truppe bayrischer Wanderer und eine Truppe cevenolischer Steinsoldaten stellte bestimmt auch ein außergewöhnliches Motiv für den Fotoapparat dar.

Ich kam an eine Wegegabelung. Ein gelbes Hinweisschild teilte mir mit, dass ich, um nach Mijavols zu gelangen, links abbiegen müsste und dass ich auch noch 3,5 km zu wandern hätte. Dann ging es, wie so oft, mal wieder bergab. Die Südseite der Montagne du Bougès ist hier vollkommen unbewaldet. Nur ein paar Weiden und Getreidefelder ruhten still zwischen mir und den wenigen Dächern von Mijavols.

Der Weg schlängelte sich, angenehm zu gehen, aber monoton, abwärts. Dann die Überraschung. Ein Brunnen am Wegesrand. Hier hatte aber jemand kunstvoll und mit viel Phantasie eine Quelle in einen dicken, senkrecht stehenden Baumstamm von circa einem Meter Höhe geleitet und dem Wasser aus der Astgabel wieder einen Austritt verschafft. Donnerwetter! Ein fingerdicker Strahl von kristallklarem Wasser schoss vergnügt in hohem Bogen in einen langen Holztrog. Bevor es sich im Becken beruhigte, erzeugte es bei wechselnder Form muntere Klänge in quirligem, jauchzendem und verspieltem Plätschern.

Umgeben war die Quelle von Duftwolken bunter Kräuter, Gräser, Blumen und Buschwerk. Wie ein Satz aus »Die vier Jahreszeiten« von Vivaldi klang das Brummen, Summen, Grillen und Gezirpe der unzähligen Insekten. Eine Symphonie für die Sinne. Eine starke Komposition. Ein Kunstwerk der Natur.

Bevor ich weiterging, schlürfte ich gierig an ihrem süßen Strahl. Das Wasser der Quelle begleitete mich noch ein kurzes Stück am Wegesrand, bevor es im Granitgestein versickerte. Im Weitergehen ließ ich meinen Gedanken ihren Lauf: Eben war ich auf eine intakte Naturfamilie getroffen, eine Oase für die Seele.

Brunnen auf dem Weg nach Mijavols

Kurz vor Mijavols, die Quelle immer noch im Kopf, stellte ich mir die Frage, warum der Kreator der exzellenten Brunnenanlage nicht auch noch eine Sitzmöglichkeit für den müden Wanderer geschaffen hatte. Ein einfacher flacher Stein oder ein Brett hätte gereicht. Hatte er vielleicht einen Grund?

Das erste Bauwerk von Mijavols brachte mich auf andre Gedanken. Ein verschachteltes Gebäudeensemble hatte sich rechts der Straße auf mehreren Ebenen in den Hang gebettet. Mein Blick haftete zunächst auf dem Anbau, dessen Dach mit schwarzen und blauen Nylonplanen abgedeckt war. Und damit der raue Cevennenwind die Planen nicht ins Tal fegte, waren sie mit mindestens hundert alter Autoreifen gesichert. Die Türöffnung war durch eine alte Holzpalette versperrt. Schafsduft drang in meine Nase.

Gîte d'étape in Mijavols

Das Hauptgebäude sah schon besser aus. Sein Schieferdach schimmert silbrig in der späten Nachmittagssonne. »Gîte d'étape« war auf ein braunes Brett gemalt, das an einen schiefen Pfosten genagelt war. Hier sollte ich also die

Nacht verbringen. Über verschiedene Steintreppen, die auf die Südseite des Hauses führten, fand ich die Haustür. Ich klopfte an. Niemand da. Da die Tür nicht verschlossen war, trat ich einfach ein. Auf drei Etagen waren Mehrbettzimmer, Toiletten und Duschen verteilt. Alles in recht sauberem und ordentlichem Zustand. Ich legte meinen Rucksack auf den Tisch und begab mich ins Dorf, um mich bei den Eigentümern anzumelden.

Der Ort bestand fast nur aus leerstehenden Häusern. Die ersten Lebewesen, die ich hier traf, waren ein paar Hühner mit nackten Hälsen, bewacht von einem riesigen weißen Hahn, der stolz auf einem rostigen Pflug thronte. Etliche Katzen streunten zwischen Häuserfronten, Mauern und alten landwirtschaftlichen Geräten umher, die überall chaotisch herumlagen. Eine Ziege, mit einer langen Leine an einem Baum angebunden, schaute verdutzt, als sie mich kommen sah und ein schmuddliger Köter nahm ängstlich Reißaus und suchte kläffend das Weite. Eins der uralten Bauernhäuser schien mir bewohnt. Hier könnte ich fündig werden. Und siehe da, auf mein Rufen hin zeigte sich bald ein junges Mädchen am Fenster. Meine Vermutung war richtig. Das Mädchen begleitete mich, nachdem ich mich vorgestellte hatte, wieder zurück zur *Gîte*, um mir all das zu zeigen, was ich bereits gesehen hatte. Ich könne mir eine beliebige Schlafstelle aussuchen, denn ich wäre alleine im Haus. Was für ein Komfort!

Ich wählte ein Etagenbett im Zehnbettzimmer. Die obere Etage war für Rucksack und Modestine, die untere für mich. Dann merkte ich plötzlich, dass es im Zimmer von kleinen Heuschrecken nur so wimmelte. Nach gründlicher Inspektion der anderen Räume stellte ich fest, dass diese sich im ganzen Haus wohnlich eingerichtet hatten. Na ja, es gibt Schlimmeres. Ich ließ sie einfach ungestört über Rucksack, Modestine und meine Wanderschuhe hüpfen. Hoffentlich bekam ich während der Nacht keinen Besuch von einer heuschreckenjagenden Viper.

Zum Abendessen gab es Salat aus dem eigenen Garten, selbstgemachte Kräuterbratwürste, Rühreier von glücklichen Hühnern und Käse, hergestellt von der Milch der Ziege, die draußen an der Leine kreiste. Die leckere Nachspeise bestand aus einfacher Kastanienmarmelade. Reine Selbstversorgung eben. Zubereitet worden war dieses edle Gericht von der molligen *Madame* des Hauses, die hier mit ihren zwei Kindern alleine lebt. Ich musste ihr versprechen, den Kindern am nächsten Morgen etwas auf der Gitarre vorzuspielen. Was ich auch gerne tat, nachdem ich zum Frühstück Kastanienmarmelade auf aufgebackenem Baguette vertilgt und dazu eine Schale mit *Café au lait* geschlürft hatte.

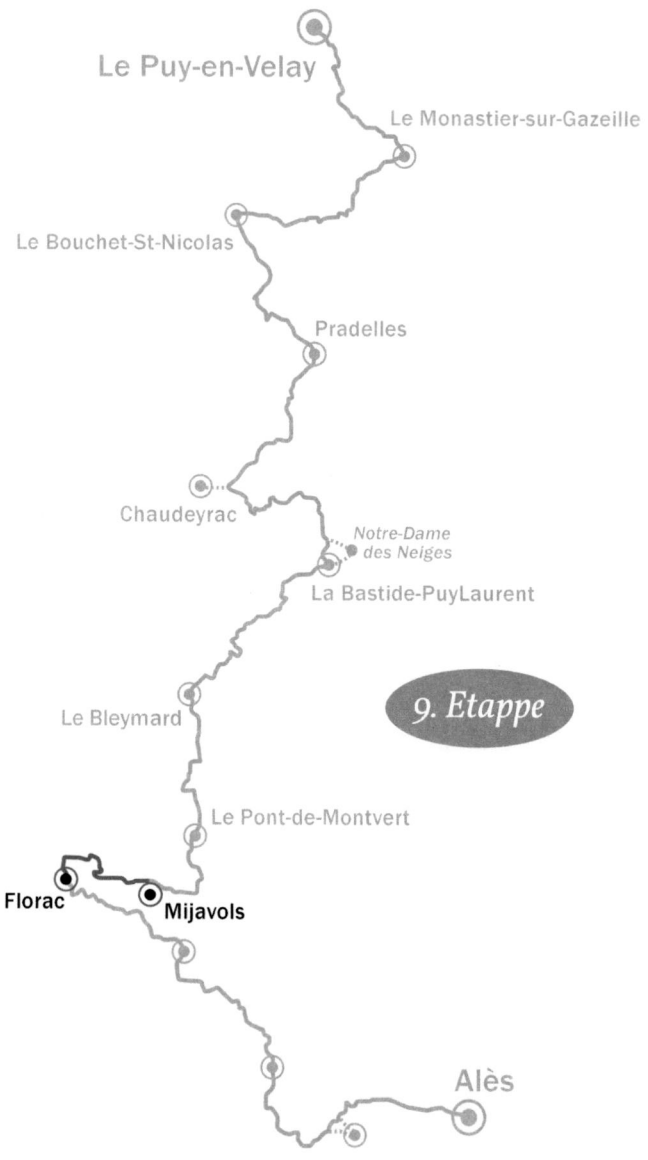

Le Puy-en-Velay

Le Monastier-sur-Gazeille

Le Bouchet-St-Nicolas

Pradelles

Chaudeyrac

Notre-Dame
des Neiges

La Bastide-PuyLaurent

9. Etappe

Le Bleymard

Le Pont-de-Montvert

Florac

Mijavols

Alès

Ein Wiedersehen unter Platanen

Von Mijavols nach Florac

»Am Morgen sah das Tal noch schöner aus. Bald senkte sich die Straße auf die Höhe des Flusses hinab. Hier, an einer Stelle, wo viele gerade und prächtige Kastanienbäume stunden und eine Insel auf einer grasbewachsenen Terrasse bildeten, machte ich meine Morgentoilette in den Wassern des Tarn. Sie waren wundervoll klar und schauerlich kalt. Der Seifenschaum verschwand wie durch Zauber in der schnellen Strömung, und die weißen Felsblöcke gaben ein Muster von Sauberkeit ab. Sich in einem von Gottes Flüssen im Freien zu waschen, erscheint mir als eine Art von froher Feier oder als ein halbheidnischer Gottesdienst. (Stevenson)

Nach kurzer Zeit erreichte ich an diesem Morgen wieder die Kammhöhe der Montagne du Bougès. Der Weg verlief in westlicher Richtung bis zum Col du Sapet, über den ich dann auf der nördlichen Seite wieder ins Tal des Tarn hinabstieg. Ich genoss die weiten Aussichten über das obere Tal des Tarn und die Gebirgsrücken des Mont Lozère. Gemütlich wanderte ich bergab. Ich konnte mir heute Zeit lassen, denn bis Florac waren gerade mal fünfzehn Kilometer zu wandern.

Bald erblickte ich unterhalb des Weges den Tarn ungebändigt und wild zwischen großen und kleinen Felsblöcken dahinschnellen. Ein paar hundert Meter unterhalb des Dörfchens Cocurès überquerte ich ihn über eine Steinbrücke. Jetzt befand ich mich wieder auf Stevensons Originalroute.

»So weit sich das Tal auch öffnen mochte, waren die Berge noch immer hoch und kahl mit felsigen Graten und hier und da einem spitzen Gipfel, während der Tarn mit Bergesrauschen über die Steine schoss.« (Stevenson)

Ich schlenderte weiter auf seinen Spuren flussabwärts, vorbei an etlichen Campingplätzen, Anglern und Kajakfahrern. Auf der anderen Seite weithin sichtbar der Turm der Kirche von Bédouès. Bevor sich der Tarnon mit dem Tarn vereint, um gemeinsam durch den imposanten Gorges du Tarn zu fließen, wechselte ich über eine kleine Brücke wieder auf die linke Flussseite.

Was dann kam, war wie ein kleiner Horrortrip. Um Florac zu erreichen, musste ich entlang der N106 latschen und das in Begleitung von stinkenden Abgasen und dem Lärm der vielen an mir vorbeifahrenden Autos und Lkws. Die brennende Nachmittagssonne kam noch hinzu. Endlich, nach etwa 30 Minuten flotten Asphalttretens war mein Ziel erreicht. Die schattige Platanenallee im Zentrum von Florac, mit ihren Cafés, Restaurants und kleinen Geschäften, wirkte augenblicklich stressabbauend.

»An einem Arm des Tarn liegt Florac, Sitz einer Sous-Préfecture, mit einem alten Schloss, einer Platanenallee, vielen originellen Straßenecken und einer munteren Quelle, die aus dem Berg sprudelt.« (Stevenson)

Ich labte mich diesmal nicht an der Quelle, sondern hielt Ausschau nach einer freien Sitzgelegenheit vor einem Bistro. Eine hübsche Kellnerin räumte gerade einen freigewordenen Tisch, den ich augenblicklich für mich beanspruchte. Bevor ich die Beine weit unter dem Tisch ausstreckte, löste ich die Schnürsenkel meiner Wanderschuhe ein wenig, um meinen Füßen frische Luft zu gönnen, die sie dringend brauchten.

Während ich sehnsüchtig, etwas zurückgelehnt unter dem grünen Platanendach, auf mein Bier wartete, hörte ich plötzlich hinter mir eine weibliche Stimme sagen: »Schau mal, ist das nicht der Lino?« Ich zuckte unwillkürlich zusammen, denn mit diesem Satz aus dem Mund einer Frau hatte ich hier nun wirklich nicht gerechnet. Ich drehte mich langsam voller Erwartung um und schaute mit großen Augen in völlig überraschte Gesichter. Die Überraschung war auch meinerseits, als ich sie augenblicklich wiedererkannte. Vor mir standen zwei Ehepaare aus Berlin, die ich vor ein paar Jahren während einer Floßfahrt auf der Tara in Montenegro kennengelernt hatte. Die Begrüßung war herzlich. Küsschen mit den Damen und feste Händedrücke und Umarmungen mit den Männern. Marika und Martin und Carola und Hans. Ihre Namen fielen mir sofort wieder ein.

Am Tisch war Platz für alle. Bei einer Flasche Rosé plauderten wir über unsere unvergesslichen Erlebnisse auf der Tara, auf der wir gemeinsam eine Woche lang mit einem Holzfloß durch die zweitgrößte Schlucht der Welt gefahren sind. Auf acht Holzstämmen, die mit Drahtseilen verzurrt waren, fanden damals neun Personen Platz mitsamt Gepäck, Zelten und Proviant. Fikret, unser Flößer, steuerte uns sicher durch alle bedrohlichen Stromschnellen und vorbei an unzähligen gefährlichen Felsvorsprüngen. In ruhigen Gewässern machte dann ein kleiner Kanister mit Sliwowitz die Runde und ich sang dazu ein paar Lieder zur Gitarre.

Fikret, ein Moslem aus Bosnien, war nicht nur ein hervorragender Flößer, sondern auch ein kreativer Koch. Ein winziger Grill, den er einfach auf das Floß genagelt hatte, genügte ihm, um für die ganze Mannschaft köstliche Lammkoteletts zu grillen. Das Geschirr wurde anschließend mit Sand und dem Wasser aus der Tara gereinigt. Es gäbe noch viel zu erzählen. Für uns eine bleibende Erinnerung und eine erlebnisreiche Woche.

Wir tauschten unsere Gründe aus, die uns hierher nach Florac geführt hatten. Meinen Berliner Freunden stand eine Woche Rundwanderung mit Eseln bevor. Eine Einweisung für den Umgang mit Eseln fände noch am Abend ganz in der Nähe statt und für morgen sei dann zeitig der Start zu den Hochebenen des Tarn angesagt. Wir verabschiedeten uns genau so herzlich, wie wir uns begrüßt hatten, und wünschten uns gegenseitig eine schöne Wandertour.

Florac ist ein wunderschönes Städtchen von etwa zweitausend Einwohnern und liegt südlich, etwas unterhalb des Zusammenflusses von Tarn und Tarnon. Die idyllischen Gässchen und die kleinen Brücken, die über das gestaute Wasser der *Source du pêcher* (Quelle zum Fischen) führen, sind liebevoll mit Blumen geschmückt. In den klaren Wassern schwimmen armlange Forellen, die von den ansässigen Restaurants fangfrisch als Delikatesse angeboten werden. Etliche kleine Wasserfälle und Staustufen prägen das Bild des Städtchens, bis das Quellwasser schließlich in den Tarnon mündet.

Nach dem Abendspaziergang setzte ich mich noch eine Weile unter die dicken Platanen, um einen Espresso zu trinken. Hatten diese auch schon gestanden, als Stevenson hier vorbeikam? Bald leerte sich der Platz. Die Allee wurde in das gelbe Licht der Laternen getaucht und die Platanen warfen ihre ovalen Schatten auf die Straße. Mein Hotel war in Sichtweite. Bald überkam mich eine angenehme Bettschwere.

Florac

Le Puy-en-Velay

Le Monastier-sur-Gazeille

Le Bouchet-St-Nicolas

Pradelles

Chaudeyrac

Notre-Dame
des Neiges

La Bastide-PuyLaurent

Le Bleymard

10. Etappe

Le Pont-de-Montvert

Florac

Mijavols

Cassagnas

Alès

Vier Sterne und ein Liqueur du Camisard

Von Florac nach Cassagnas

»Am Dienstag, den 1. Oktober, verließen wir Florac am späten Nachmittag, ein müder Esel und ein müder Eselstreiber. Ein kleines Stück den Tarnon hinauf führte uns eine hölzerne, überdachte Brücke in das Tal der Mimente. Steile rote Felsen ragten über den Fluss, große Eichen und Kastanien wuchsen an den Hängen oder auf steinigen Terrassen, hier und da gab es ein rotes Hirsefeld oder ein paar Apfelbäume dicht voller roter Äpfel.« (Stevenson)

Es war ein sonniger Morgen. Weiter auf den Spuren Stevensons marschierte ich entlang des Tarnon eine Weile flussaufwärts auf einer Landstraße, bis ich zu einer kleinen steinernen Bogenbrücke kam. Die überquerte ich, um in das Tal der Mimente zu gelangen. Die von Stevenson in seiner Reiseerzählung beschriebene überdachte Holzbrücke wurde bei einer Überschwemmung im Jahre 1900 zerstört. Der Weg führte mich über eine Länge von 10 Kilometern etwas oberhalb der Mimente durch dichte Eichenwälder bis zu der Ortschaft St.-Julien-d'Arpaon. Etwas störend waren manchmal die Geräusche der N107 wahrzunehmen, die sich unten im Tal neben der Mimente schlängelte. Mit Modestine und lautstarkem Gesang startete ich dann, während einer Rast, zur Gegenoffensive. Das Gefecht war allerdings nicht zu gewinnen.

Die Wanderroute ab St.-Julien-d'Arpaon ließ mein Wanderherz höher schlagen. Es dauerte eine Weile, bis ich die Erkenntnis gewann, dass ich mich auf einer ehemaligen Eisenbahnstrecke befand. Ein solch gemütliches Wandern wie hier wurde mir zuvor nie in den Cevennen geboten. Von Eisenbahnschwellen war nichts mehr zu sehen und die Abschotterung war mit Gras und Kräutern unsichtbar verwachsen. Nur an den Stützmauern zur Mimente hin waren rostige Winkeleisenstümpfe von abgesägten Geländern zu sehen, die an ihre ursprüngliche Aufgabe erinnerten. Und dort, wo es nicht mehr möglich war, die Trasse in die steile Felswand zu kerben, sind Tunnel gesprengt worden, die an den hufeisenförmigen Ein- und Ausgängen kunstvoll vermauert wurden. Ein gigantischer Arbeitsaufwand musste betrieben worden sein, um die Eisenbahntrasse durch dieses Tal zu bauen. Sie verband in den wirtschaftlichen Glanzzeiten der Cevennen Alès mit Florac und diente dem Kohletransport. 1968 wurde sie stillgelegt.

Weit unterhalb der Trasse tobte die Mimente. Wild und fauchend suchte sie fest entschlossen ihren Weg durch die unzähligen Felslabyrinthe, die mit der Zeit durch herabstürzende Felsblöcke von den Steilwänden entstanden sind. Stevenson marschierte damals jenseits auf der damals neuerbauten Straße. Die Sonne, der sich nirgends eine Wolke anbot, um sich zu verstecken, hatte ihren höchsten Punkt erreicht und brannte unbarmherzig. Vergeblich suchte ich nach einem Abstieg, um in den brausenden Wogen ein kühlendes Bad zu nehmen. Immerhin. Ein dicker Holzstamm, unter einer knorrigen Eiche liegend, bot mir einen schattigen Rastplatz an.

»Als ich talaufwärts zog, kam ein Windstoß von Sonnenaufgang herab, obwohl die Wolken weiterhin fast genau in umgekehrter Richtung über meinen Kopf hinwegzogen. Ein paar Schritte weiter sah ich eine ganze Hügellehne goldüberstrahlt in der Sonne, und noch ein bisschen weiter erschien schwebend zwischen zwei Gipfeln eine Scheibe von blendendem Glanz am Himmel, und ich stand wieder Auge in Auge mit dem riesigen Feuerbrand, der den Kern unseres Systems beherrscht.« (Stevenson)

Ständig beobachtet von dem riesigen »Feuerbrand« am Himmel marschierte ich auf der Trasse, die eine kaum spürbare Steigung aufwies, gemütlich weiter, bis ich schließlich das ehemalige Bahnhofsgebäude von Cassagnas erreichte, das sich Espace Stevenson nannte. Im Haus befand sich ein Restaurant und den Verladebahnhof hatte man als *Gîte d'étape* umfunktioniert. Mit dem dazugehörenden Campingplatz und einem direkten Zugang zu einer Badestelle war dieser Ort für den rastsuchenden Wanderer wie geschaffen, zumal sich hier die beiden Fernwanderwege GR70 und GR72 kreuzen. Hier war ich nicht allein. Etliche Wanderfreudige dösten auf Bänken herum oder hielten ihre müden Füße in das kühle Wasser der Mimente.

Im Restaurant erkundigte ich mich nach meiner Unterkunft, die ich hier reserviert hatte.

»Le premier escalier à droite.« Die freundliche Gastgeberin wies mir den Weg über die erste Treppe rechts zur *Gîte* im Verladebahnhof. *»Merci beaucoup, Madame«* und ich schaffte mich dort hin. Der kleine Vorraum war übersät mit Wanderschuhen, aus denen die Einlagen steif nach oben lugten, während die Wanderstrümpfe wie ein Schal um diese geschlungen, schlaff nach unten hingen. Die schwere Duftnote, die den Raum erfüllte, war etwas ganz Besonderes und lag weit jenseits dessen, was mein Geruchsorgan jemals wahrgenommen hatte.

Die Tür zum Schlafraum stand offen. Ich trat ein und schaute ungläubig auf die vielen Etagenbetten, die vollgeladen mit Rucksäcken und verschwitzten Wanderklamotten und missbraucht als Handtuchhalter, gänzlich den Raum ausfüllten. Ich lugte durch die schmalen Durchgänge, bis ich das einzige freie Bett sichtete. Natürlich die obere Etage. Schnell machte ich auf dem Absatz kehrt und hielt den Atem an, bis ich draußen wieder in den »Feuerbrand« blickte, der bald hinter den bewaldeten Hängen jenseits der Mimente abtauchen würde.

»Pardon madame, là je ne peux pas dormir!« Die freundliche Wirtin zeigte Verständnis dafür, dass ich dort nicht schlafen könne, hätte aber keine Alternative zu bieten, alles sei belegt. Ich bat um ein Zelt oder eine Isomatte mit

Schlafsack. Ich würde dann einfach auf einer Bank nächtigen. Nichts zu machen. So stand ich da mit trübseligem Gesicht, von der *Madame* mitleidsvoll begutachtet, ein unglücklicher Wandergesell, der einfach nicht in ihrer *Gîte* nächtigen wollte. Ich sah mich schon während einer Nachtwanderung die Sterne zählen. Dann fiel mir ein Spruch ein, der gerahmt im Wohnzimmer meiner Eltern hing: »Wenn du meinst, es geht nicht mehr, kommt von irgendwo ein Lichtlein her.«

Sie hätte vielleicht doch etwas für mich, sagte *Madame* und besorgte sich einen Schlüssel. Während sie mit mir bis zum Ende des Campingplatzes ging, warnte sie mich: »C'est *très cher!*« Ob sehr teuer, hin oder her, das ist mir jetzt egal, dachte ich, als sie einen riesigen Wohncontainer aufschloss. Der wäre ganz neu, bisher ungenutzt und würde eigentlich nur wochenweise vermietet werden. Zwei Schlafzimmer, Wohnzimmer, komplett eingerichtete Küche und selbstverständlich auch eine Dusche hatte der Container zu bieten, der auf einer abgegrenzten Wiese stand, die auch noch über Gartentisch und Bank verfügte. Sie würde eine Ausnahme machen und mir für die Übernachtung achtzig Euro berechnen. Stille.

Ich schluckte, während sie langsam hinzufügte, dass Abendessen und Frühstück nicht inklusive seien. Ich glaubte einen Hauch von schlechtem Gewissen in ihrem Gesicht wahrzunehmen, als ich sagte: »*D'accord.*« Im Gehen lächelte sie mir mit äußerster Freundlichkeit zu und wies mich darauf hin, dass das Abendessen für 19.30 Uhr gerichtet sei. Bevor ich es mir auf dem Sofa der feudalen Unterkunft bequem machte, warf ich noch einen Blick in den Kühlschrank, aber nur gähnende Leere fiel kühl auf meine Füße.

Bis zum Abendessen hatte ich noch etwas Zeit. Ich nutzte die Gelegenheit, um dem Dörfchen Cassagnas einen Besuch abzustatten. Hierfür musste ich auf warmem

Asphalt noch eine Weile bergauf latschen. Gelegen an einem Berghang erwartete mich ein trostloses Nest alter Häuser mit verschlossenen Fenstern. Die meisten waren wohl unbewohnt. Stevenson beschrieb das so: *»Ich näherte mich nun Cassagnas, einer Gruppe schwarzer Dächer am Berghang in diesem wilden Tal, inmitten von Kastaniengärten und in klarer Luft überragt von vielen Felsengipfeln.«* Laut Stevenson hatten die Camisarden hier in der Nähe große Waffenarsenale in Höhlen angelegt. Wie dem auch sei, den Weg hier hinauf hätte ich mir auch sparen können.

Über den schwarzen Dächern von Cassagnas

Ich freute mich auf das Abendessen. Wenn schon komfortabel untergebracht, wollte ich heute Abend auch fürstlich speisen. Voller Erwartung gönnte ich mir zunächst in der Bar auf Empfehlung des Hauses einen *Kir à la Châtaigne*. Na klar, Kastanien gibt es ja hier in rauen Mengen. Aber ich muss zugeben, er hat mir vorzüglich gemundet und auch meinen Appetit sehr angeregt. Der Speisesaal war das krasse Gegenteil des Schlafsaales. Feine kulinarische Duftwolken, die durch das bereits angerichtete Buffet im Raum schwebten, stimulierten meine Phantasie.

Der Raum war schon voll besetzt von frisch geduschten, disziplinierten Wandervögeln, die geduldig auf die Freigabe des Buffets warteten. Mir wurde ein kleiner Einzeltisch zugewiesen. »*Voulez au repas du vin de Cévennes?*« Gerne dachte ich mir. Alles ist gut in den Cevennen, warum soll der Wein schlecht sein und bestellte eine Flasche. Dann studierte ich die Menukarte. Unter dem Titel »*Menu Rando*« (Menu für Wanderer) wurde ein exzellentes Essen in vier Gängen versprochen, das unweigerlich dafür sorgte, dass mir buchstäblich das Wasser im Munde zusammenlief. Dies habe ich dann jedoch mit einem Schluck des schweren Roten verhindert.

Respektvoll wartete ich, nachdem das Buffet eröffnet wurde, bis der erste Ansturm verflogen war. Derweil fiel mir (bei meinem unauffälligen Rundblick) ein Pärchen ganz besonders auf. Die beiden saßen doch tatsächlich mit nackten Füßen am Tisch, während sie genüsslich ihr *Porc à la Cévenole et ses pâtes* schlemmten. (Schwein auf Cevenolische Art mit Nudeln.) Die blonde Frau kehrte mir den Rücken, aber das Gesicht des Mannes hatte ich genau im Visier. Hier saß Clint Eastwood, so wie ich ihn aus jüngeren Jahren aus Wildwestfilmen kenne. Nur die Stiefel fehlten, und auch der Colt.

Dann machte auch ich mich über das Buffet her, das noch immer reichlich mit allen auf der Karte stehenden cevenolischen Spezialitäten bestückt war. Nachdem sich mein Teller mit einem Ensemble von feinsten Käsevariationen geleert hatte, ging auch der Wein zur Neige. Auf eine der zahlreichen Dessertkompositionen wie zum Beispiel *Fromage blanc et la crème de châtaignes,* (Quark mit Kastaniencreme) oder *Fondant à la crème de châtaignes* (Sahnebonbon mit Kastaniencreme) verzichtete ich. Dafür kam ich aber nicht an der Bar vorbei, ohne die Empfehlung des Kellners widerstandslos zu akzeptieren, einen *Liqueur du Camisard* zu probieren.

Leicht schwankend, es lag wahrscheinlich daran, dass ich

das Ohne-Rucksack-Gehen nicht mehr gewohnt war, trollte ich mich in Begleitung meines Mondlichtschattens und eines Zikadenkonzerts in Richtung Viersternecontainer. Einmal noch blieb ich breitbeinig stehen und schaute nach oben in den Sternenhimmel, ins Universum, in die Unendlichkeit.

Le Puy-en-Velay

Le Monastier-sur-Gazeille

Le Bouchet-St-Nicolas

Pradelles

Chaudeyrac

Notre-Dame
des Neiges

La Bastide-PuyLaurent

II. Etappe

Le Bleymard

Le Pont-de-Montvert

Florac   Mijavols

Cassagnas

St-Étienne-Vallée-Française

Alès

Sentier de la lune

Von Cassagnas nach Saint-Étienne-Vallée-Française

»Kurz nach zwei Uhr überquerte ich die Mimente und schlug einen holprigen Fußweg nach Süden ein, einen Hügelhang hinauf, der mit losen Steinbrocken und Büscheln von Heidekraut bedeckt war.

Ich befand mich jetzt auf der Wasserscheide zweier großer Abflussgebiete; hinter mir strömten alle Flüsse in die Garonne und dem Ozean im Westen zu; vor mir lag das Becken der Rhône. (Stevenson)

Ich spürte früher als Stevenson den Boden unter den Füßen, als ich die Mimente überquerte. Trotzdem war ich heute etwas später auf den Beinen. Alle Wandervögel waren bereits aus dem Espace Stevenson ausgeflogen. Die Höhe der Rechnung, die ich nach dem Frühstück berappen musste, wirkte ernüchternd aber nicht bedrückend auf meine Gemütslage. Bei einem mäßigen Bergauf fand ich bald wieder in meinen gewohnten Schritt, der mich schon nach kurzer Zeit die ersten Wanderer überholen ließ. Dann, auf halber Strecke etwa, hockte Clint Eastwood mit seiner Begleiterin auf einem Eichenstamm, um zu rasten. Diesmal stellte ich fest, dass sie auch im Besitze von kräftigen Wanderschuhen waren. Hätte ich damals gewusst, dass ich es mit Landsleuten zu tun hatte, wäre mir ein Plauderminütchen eine Freude gewesen. So genügte ein »*Bonjour*«, ohne meinen Schrittrhythmus zu unterbrechen.

Oben auf der Kammhöhe angelangt, wies mich ein Schild darauf hin, dass ich mich jetzt auf den »*Chemins de la liberté*« (Wege der Freiheit) und im Land der Camisarden befand. Von ihrem Land wurde ich hier nicht nur mit grenzenlosen Wanderfreiheiten beglückt, sondern auch mit grenzenlosen Weitsichten. Das Wandern über den Bergrücken ließ mich schnell die Rechnung des Morgens vergessen.

Blick vom Chemin de la liberté

Der Abstieg ins Tal von Saint-Germain-de-Calberte verlief unspektakulär. Nur eine Stallung mit wundervollen Reitpferden in den Farben schwarz, weiß und braun sorgte für ein wenig Abwechselung. Dann traf ich auf ein Schild mit der Aufschrift: *»Sentier de la lune, arrivée de Stevenson«* (Fußweg des Mondes, über den Stevenson gekommen ist). Hier gedachte ich zu rasten, nahm Stevensons Buch aus dem Rucksack, suchte das richtige Kapitel aus und begann zu lesen:

»Die Nacht war angebrochen, der Mond hatte schon eine ganze Weile den gegenüberliegenden Berg beschienen, als mein Esel und ich um eine Ecke bogen und in sein volles Licht hinaustraten. Ich hatte schon in Florac meinen Brandy weggeschüttet, weil ich das Zeug nicht mehr länger ertragen konnte, und hatte ihn durch einen kräftigen Volnay ersetzt; und jetzt trank ich mitten auf der Straße der heiligen Majestät des Mon-

des zu. Es waren nur ein paar Schluck, aber ich spürte von da an meine Glieder nicht mehr, und das Blut in meinen Adern kreiste munter. Sogar Modestine wurde von diesem reinen, nächtlichen Sonnenschein inspiriert und regte ihre winzigen Hufe wie zu einem lebhaften Takt.«

Schade, kein Mond war weit und breit in Sicht. Dafür wurde ich aber durch den Text inspiriert und zupfte auf meiner Modestine ein paar lebhafte Takte. Gerne hätte ich auch noch einen Volnay probiert.

Verschnaufpause für meine treuen Begleiter

In Saint-Germain-de-Calberte wurde ich wieder einmal von einem der vielen Kriegerdenkmale empfangen, die an Vierzehn-Achtzehn erinnern sollen, dann von einer riesigen nackten, muskulösen Männerstatue, wahrscheinlich aus Bronze, die unverhohlen ihren großen Penis zur Schau stellte, bei dem Versuch mit stark geschwollenen Bizeps einen schweren Stein zu heben. Darunter in eine Steinplatte gemeißelt: *»Hommage aux cévenols qui ont bâti ce pays«.* (Huldigung an die Cevenols, die dieses Land gebaut hatten.)

Es folgte in unmittelbarer Nähe die romanische Kirche mit dem Grabmal des Abbé du Chayla, dessen Ermordung in Le Pont-de-Montvert den Camisardenkrieg ausgelöst hatte. Der protestantische Tempel war ein Stück unterhalb auf einem Hügel zu sehen. Entlang der Hauptstraße, die zum Teil mit vielen alten Bäumen überdacht war, passierte ich die Auberge, in der wahrscheinlich Stevenson übernachtet hatte. Noch ein paar Häuserzeilen und schon war ich durch dieses idyllische Dorf gewandert, das auf grünen Terrassen in den steilen Berghang gebaut worden war.

Bis Saint-Étienne-Vallée-Française hatte ich noch ein gutes Stück zu wandern. Der Weg verlief oberhalb der Straße durch schattige Kastanienwälder. Und plötzlich sah ich den ersten Wanderesel auf dieser Tour, der mir gemütlich mit einem kleinen Kind auf dem Rücken entgegen getrottet kam. Vorneweg führte der Vater den Esel an der Leine. Die Nachhut übernahm die Mutter mit der Wanderkarte in der Hand. Dieses seltene Ereignis wollte ich unbedingt fotografieren, was mir die stolzen Eltern gerne erlaubte.

»Fotoshooting« im Kastanienwald

Der Esel, das Stehenbleiben von Natur aus gewohnt, blickte zwar begierlich in Richtung einer Hecke in sattem Grün, dafür schenkte mir aber das Kind sein strahlendes Lächeln. Die Eltern rechts und links vom Esel, leicht verlegen, richteten noch schnell Bekleidung und Haar, während der Esel neugierig geworden seinen Kopf leicht in meine Richtung drehte. Knips, knips und noch einmal knips zu Sicherheit, und das Foto war in der Kiste. Zum Dank schenkte ich dem Kind, einem Mädchen, meinen Apfel, den ich mir heute Morgen gratis zur Rechnung mitnehmen durfte, und wünschte den Vieren: »*Bonne route avec l'âne.*« (Gute Route mit dem Esel)

Das Mädchen krallte sich mit der linken Hand am Sattelzeug fest. Mit der rechten klatschte es dem Esel voller Begeisterung auf die Hinterbacken, der dann, etwas missmutig wie mir schien, weitertrottete. Im Weitergehen dachte ich bei mir, dass das Wandern mit Esel eine sehr gute Möglichkeit sei, Kindern Tier und Natur näher zu bringen. Insbesondere heute, wo Kinder vor dem Zubettgehen ihr Smartphone streicheln oder sogar mit ins Bett nehmen.

Der Weg zog sich schier endlos dahin. Etwas unterhalb plätscherte ruhelos im Kiesbett der Gardon de Mialet. Und dann ein Schild mit dem Hinweis, dass ich noch vier Kilometer laufen müsse, um mein Etappenziel das Dorf Saint-Étienne-Vallée-Française zu erreichen. Oh je. Jetzt wurde es aber Zeit, mir ein Wegewort zum Durchhalten zu suchen. Ich entschied mich zu singen und wählte das Lied »Das Wandern ist des Müllers Lust«, wobei ich Müller durch meinen Vornamen ersetzte. Ich spürte sofort die Kraft des Marschliedes in meinen Beinen, und mein Schritt synchronisierte sich schnell mit dem Takt. Nach der ersten fiel mir dann leider nur noch die zweite Strophe ein:

: Vom Wasser haben wir's gelernt :
Vom Wasser . . .
Das hat nicht Ruh' bei Tag und Nacht
: ist stets auf Wanderschaft bedacht :
Das Wasser . . . usw.

Die beiden Strophen habe ich einfach immer wieder wiederholt. Modestine freute sich, denn sie durfte hinter der roten Regenschutzplane hervor, jetzt an meinem Ersatzschuhriemen befestigt, vor meiner Brust baumeln.

Dann endlich das Ortseingangsschild von Saint-Étienne-Vallée-Française. Um nicht lange nach meinem Quartier im Dorf Ausschau halten zu müssen, bat ich nach den ersten Häusern zwei Anwohner, die auf einer Terrasse gemütlich Kaffee tranken, um Auskunft. Die beiden studierten die von mir vorgelegte Adresse und kamen zunächst ins Grübeln. Nach kurzer Diskussion untereinander teilten sie mir dann mit, dass die Anschrift zu einer Hofanlage gehöre, die sich nochmal vier Kilometer zurück und dann einen Kilometer nach rechts in einem Seitental befinden würde.

Diese Aussage brachte meinen Puls, der sich inzwischen etwas beruhigt hatte, ruck-zuck wieder in Wallung. Ungläubig studierte ich meine Wanderkarte und musste mir bald eingestehen, dass ich eine Abzweigung verpasst und freudig singend an dieser vorbeimarschiert war. Die Häuseransammlung Pont-de-Burgen gehört zwar zu Saint-Étienne-Vallée-Française, befindet sich aber tatsächlich in dem erwähnten Seitental. Die netten Anwohner merkten meine innerliche Verstimmung. Sie baten mich, mich zu setzen, gaben mir Wasser zu trinken und studierten mit mir meine Wanderkarte. Vielleicht findet sich ja eine Abkürzung. Leider nein.

Mein Wanderstolz war so schnell dahingeschmolzen, wie das Eis in der Wüste, als der Mann mir anbot, mich mit seinem Auto dorthin zu bringen. Mit gespieltem Geziere willigte ich ein. Nach fünfzehn Minuten setzte er mich in

Pont-de-Burgon ab. Ich bedankte mich überschwänglich und wollte ihm die Fahrt bezahlen. Aber er winkte ab und wünschte mir noch im Weiterfahren *»Au revoir et beaucoup de bonheur.«* (Auf Wiedersehen und viel Glück)

Im Hof des romantischen Bauernhauses wurde ich von der Gastgeberin begrüßt. Sie gab mir zu verstehen, dass die *Gîte d'étape* sich nicht hier, sondern weiter oben bergauf befinden würde. Aha und oh je, dachte ich bei mir und hatte die *Gîte* von gestern Abend wieder vor Augen. Sie erwarte allerdings noch zwei Wanderer. Sobald diese da wären, würde sie uns gemeinsam mit ihrem Auto dorthin bringen. Zur Überbrückung der Zeit gab sie mir eine Dose Bier, mit der ich mich dann zu einem alten Mann gesellte, der rauchend im Schatten der Häuserfront auf der Treppe saß. Nach einer Weile, die Dose lag schon lange zusammengedrückt neben mir, sah ich zwei müde Wanderer im Anmarsch. Clint Eastwood mit seiner Wandergesellin.

Dicht zusammengedrängt, die Rucksäcke auf dem Schoß, fuhren wir über holprige Serpentinen eine gute Weile bergauf. Während der schaukeligen Fahrt durfte ich das erste Mal seit meinem Start in Le Puy wieder deutsch reden, abgesehen von meinen Selbstgesprächen und der Singerei. Ich erfuhr, dass meine Landsleute Marion und Bertram heißen und seit Langogne auf dem Stevensonpfad unterwegs sind, mit dem Ziel Saint-Jean-du-Gard. So wie ich sahen auch sie mit gemischten Gefühlen dem heutigen Quartier entgegen. Aber weit gefehlt. Ein eindrucksvolles Anwesen erwartete uns, traumhaft gelegen unweit einer Waldgrenze, in einen Hang gebaut und von saftigen Weiden umgeben. Etwas unterhalb, hinter einem Gatter, standen mindestens zwanzig stolze Esel regungslos in der späten Nachmittagssonne.

Mir wurde ein Vierbettzimmer zugewiesen, sogar mit Waschbecken, in dem ich alleine nächtigen durfte. Super. Marion und Bertram waren mit ihrem Doppelzimmer ebenfalls sehr zufrieden.

An das obere Ende des Anwesens grenzte eine ebene Wiese mit Gartenstühlen und einem langen Tisch, der, unter einer hölzernen Weinpergola geschützt, für das Abendessen bereitstand. Die Sonne legte sich hier oben, hoch über dem Tal des Gardon de Mialet, viel später zur Ruhe. Hier traf ich mich mit Marion und Bertram, diese wie gewohnt barfüßig, zum Plaudern. Zwischendurch las uns Marion mit angenehmer Stimme aus Stevensons Reisebuch vor. Da wir uns jetzt weitab von dessen Wanderroute befanden, studierten Bertram und ich unsere Wanderkarten, um für morgen früh wieder einen passenden Anschlussweg zu finden. Den jetzigen Standpunkt zu bestimmen, bereitete uns aber Schwierigkeiten. Wir baten Alain, den smarten Koch, der sich gerade im nahen Gemüsegarten mit reichlich Kräutern und Salaten versorgt hatte, um Hilfe.

Schnell wie Django seinen Colt, zog er ein Smartphone edelster Marke aus der Hüfttasche, tupfte mehrmals mit dem Zeigefinger auf das Display von beachtlicher Größe, bis eine Wanderkarte im Maßstab 1:25000 zum Vorschein kam. Dann führte er behutsam Daumen, Zeige- und Mittelfinger in die Mitte des Displays, um sie dann langsam wieder auseinander zu spreizen. Und siehe da, die Umrisse des Anwesens wurden sichtbar mit den genauen Angaben der Koordinaten. Donnerwetter. Dann zeigte er uns stolz, indem er mit dem Finger auf dem Display immer wieder vorsichtig hin- und herwischte, den idealen Weg ins Tal hinunter. Hut ab. Bertram und ich beschlossen aber trotzdem, morgen früh bis zum Anschluss an den Stevensonpfad gemeinsam zu wandern.

An den Tisch unter der Weinpergola gesellten sich zum Abendessen noch drei Frauen und ein Mann, auch Deutsche, die hier ab dem nächsten Tag eine Rundwanderung mit Eseln über den Zeitraum einer Woche gebucht hatten. Während wir uns näher kennenlernten, servierte uns Alain einen Kastanienlikör nach eigener Rezeptur. Dann stieg der

Braten- und Kräuterduft aus der unterhalb liegenden Küche appetitanregend zu uns empor. Nachdem wir gesättigt waren und unsere Münder abgewischt hatten, stellten wir fest, dass Alain mit seinen geschickten Fingern nicht nur ein Smartphone bedienen, sondern auch ein vorzügliches Menu zaubern kann.

Jetzt war die Zeit gekommen, meiner Modestine noch etwas Geltung zu verschaffen. Bei Gesang und Gläserklang wurden anschließend die Karaffen gelehrt. Der Mann, der glücklich oder unglücklich morgen mit drei Frauen auf Wanderschaft wollte, stellte mir zuletzt die Frage: »Hast du auch das Lied Kokain von Hannes Wader drauf?« Meine Antwort: »Ja, natürlich.« Und dann sangen wir die acht Strophen gemeinsam. Er bedankte sich bei mir mit den Worten: »Selbst wenn es ab morgen eine Woche regnen, die störrischen Esel unsere Geduld überstrapazieren, oder wir uns in den Cevennen total verirren werden, so hat dieser schöne Abend dies alles jetzt schon wieder ausgeglichen.« Das war Balsam für meine Seele.

Le Puy-en-Velay

Le Monastier-sur-Gazeille

Le Bouchet-St-Nicolas

Pradelles

Chaudeyrac

Notre-Dame
des Neiges

La Bastide-PuyLaurent

12. Etappe

Le Bleymard

Le Pont-de-Montvert

Florac

Mijavols

Cassagnas

St-Étienne-Vallée-Française

Alès

Mialet

Nackt auf dem Col de Saint-Pierre

Von Saint-Étienne-Vallée-Française nach Mialet

»Selten habe ich einen Erdenfleck tiefer genossen. Ich schwebte in einer Atmosphäre des Vergnügens, fühlte mich leicht und ruhig und zufrieden. Aber vielleicht war es nicht die Örtlichkeit allein, die mich so empfinden ließ. Vielleicht dachte jemand an mich in einem anderen Land, oder vielleicht war einer meiner eigenen Gedanken unbemerkt gekommen und gegangen und hatte mir doch so gut getan.« (Stevenson)

Gemächlich wanderten wir an diesem Morgen hinab in das Tal von Saint-Ètienne-Vallée-Française. Zeit zum Philosophieren über Gott und die Menschen, das Wandern, die Liebe, die Zukunft und die Vergangenheit. Bertram war ein angenehmer Gesprächspartner mit interessanten Ein- und Ansichten. Es schien mir, dass er das Wandern mehr als Pilgern sieht, vielleicht zu sich, zu Gott, wohin auch immer. Bedächtig wanderte er mit seinem Pilgerstab, der ein gutes Stück länger war als mein Stock, neben mir her. Ein Pilgerstab muss eine bestimmte Länge aufweisen, lang genug, um ihn während des Gehens durch die Hand gleiten zu lassen, meinte er. Seine Demonstration rückte meine Einstellung zu einem Wanderstock wieder mal in ein neues Licht. An der letzten Haarnadelkurve, bevor wir das Tal erreichten, warteten wir kurz auf Marion, die etwas hinter uns zurücklag. Beim Abschiedsfoto hatte ich das Gefühl, tiefsinnige und gutherzige Menschen kennengelernt zu haben.

Als ich über eine kleine Brücke den Gardon de Mialet überquerte und wieder zum Alleinwanderer geworden war, traf mich plötzlich ein Gedankenblitz mit der Frage: Bist du vielleicht auch zum Pilger geworden? Bei diesem Gedanken drehte ich mich noch einmal um, konnte Marion und Bertram noch einmal zuwinken und hoffte, dass sich unsere

Wege noch einmal kreuzen. Es würde mich freuen.

Wie tags zuvor marschierte ich wieder in Saint-Étienne-Vallée-Française ein, vorbei an dem Haus der freundlichen Anwohner vom Vortage, allerdings ohne sie Kaffee trinkend auf ihrer Terrasse vorzufinden. Die Hauptstraße war gesäumt von spalierstehenden Kastanienbäumen, die durch ihr flüsterndes Blätterwerk unruhige Schatten auf die Bürgersteige warfen. Eine Kiste, die gefüllt mit rotbackigen Äpfeln schräg aufgestellt neben der Tür einer *Alimentation* (Lebensmittelgeschäft) stand, lockte mich unwiderstehlich an. Der heutige Tag würde kräftezehrend werden. Das war mir bewusst. Zwei Äpfelchen passten noch genau in meinen Rucksack.

Das gemächliche Wandern war unweit nach Ortsausgang zu Ende. Nach dem Überqueren eines kleinen quirligen Gebirgsbaches, der sein Hinscheiden nicht weit von hier mit dem Münden in den Gardon de Mialet besiegelte, ging es steil bergauf dem »Feuerbrand« entgegen. Dieser hatte, im Gegensatz zu mir, schon fast seinen Höchststand erreicht. Bereits nach kurzer Zeit wurde mein Atmen schwerer und die ersten Schweißperlen kitzelten auf meiner Stirn. Schon bald legte ich die erste Rast ein und überlegte mir, wie ich meinen Rucksack erleichtern könnte. Mir fielen nur die zwei Äpfel ein, die ich dann genüsslich verzehrte. Nach dieser Gewichtsersparnis ging es immer weiter, immer weiter steil bergauf, dem Mont Saint-Pierre und den Wolken entgegen. Stevenson beschrieb das einfach so: *»Es war ein langer und steiler Aufstieg.«* Aber er ließ sein Gepäck, womöglich auch sich selber, von Modestine tragen. Bei mir war es genau umgekehrt.

Bald begann ich merklich zu schwächeln. Die Abstände des Stehenbleibens wurden immer kürzer und der gelbe Ball am tiefblauen Himmel wurde mir immer unsympathischer. Jeder Baum und jeder Strauch, der einen Ast mit etwas Grün wie einen Sonnenschirm schützend über den Weg hielt, wurde für mich zu einer schattenspendenden

Oase. Dort stand ich dann eine Weile, um mich auszuruhen, gestützt durch meinen Wanderstock, schweißnass vom Hut bis zu den Wanderschuhen, trotz nobler Funktionskleidung.

Bei solch einer Gelegenheit wandte ich immer wieder die gleiche Technik an. Ich stellte mich breitbeinig hin und bildete zu meinen Füßen mit dem Wanderstock ein gleichschenkliges Dreieck. Den Stock hielt ich mit ausgestreckten Armen fest, beugte mich langsam nach vorne und legte meine Stirn sanft auf die Fäuste, die den Knauf hielten. Dadurch wurde die Last meines Rucksacks gleichmäßig auf drei Beine verteilt und meine Schultern dementsprechend entlastet. Gute Gelegenheit, Ameisen, Käfer und alles, was sonst noch auf dem Boden krabbelte, zu beobachten. Mit ein wenig Genugtuung stellte ich fest, dass mein Stock die ideale Länge hatte, um diese Technik anzuwenden. Also klar im Vorteil gegenüber einem längeren Pilgerstab.

Der Weg blieb steil und steinig. Das Thermometer hatte bestimmt die Fünfunddreißig-Grad-Marke erreicht. Zuletzt schaffte ich nur noch zwanzig Schritte, ohne kurz anzuhalten und das nur mit Unterstützung von gedachten Wegworten, die jetzt allerdings eher nach Durchhalteparolen klangen. Ich hätte gerne ein schönes Wanderlied angestimmt, aber dazu fehlte mir im wahrsten Sinne des Wortes die Spucke und die Puste. Stattdessen ließ ich wieder einmal meinen Gedanken freien Lauf und träumte von einer Wattwanderung unter wolkenverhangenem Himmel an der kühlen Nordsee. Mit den Wegworten »Immer weiter, immer heiter« verdrängte ich auch den Gedanken an einen »Herzkasper«, der mich jetzt hoffentlich nicht in dieser gottverlassenen Gegend nahe dem »Heiligen Pierre« überfallen würde.

Die Kunst des Wanderns auf höchstem Niveau praktizierend erreichte ich bald eine Kiefer, die einen ihrer Arme schattenspendend über den Weg streckte. Gelegenheit zum Verschnaufen. Mit meiner bewährten Methode, dreibeinig auszuruhen, blickte ich auf den Boden. Zahlreiche meiner

Schweißperlen tropften auf einen heißen Stein und verdampften zugleich. Eine Ameisenfamilie bemühte sich schnellstens, völlig planlos, in einem hektischen Hin und Her in Sicherheit zu bringen. Nachdem sich die Lage wieder beruhigt hatte und mein Puls sich auch, suchten meine Augen den Mittelpunkt des Dreiecks. Dann, nachdem ich ihn gefunden hatte, stellte ich mir die Frage: Was befindet sich genau gegenüber von mir, in 12700 Kilometer Entfernung, am anderen Ende dieses Planeten? Bevor ich anfing zu phantasieren, tappte ich lieber weiter. Immer weiter, immer heiter. (Später, wieder zu Hause habe ich übrigens diesen sogenannten antipodischen Punkt auf der anderen Seite der Welt ausfindig gemacht: die Chatham-Inseln, etwas östlich von Neuseeland gelegen)

Ich nuckelte noch einmal an meinem Schnuller, aber fein dosiert, denn ich hatte das Gefühl, dass das Wasser im Beutel meines Rucksacks langsam zur Neige ging. Dann, plötzlich nach einer Biegung ein Holzschild mit der Aufschrift:

»Col de Saint-Pierre«
596m

Oben, in die rechte Ecke hatte jemand gemalt: *»Ouf«*. Ich hatte noch die Kraft meinen Diktionär zu zücken und übersetzte: »Uff«. Dann sagte ich »Uff« und schaffte es gerade noch bis zu ein paar Kiefern, die etwas abseits des Weges standen. Dort entledigte ich mich aller meiner Kleider, die sich anfühlten, als wären sie ungeschleudert aus der Waschmaschine entfernt worden und hängte sie zum Trocknen an ein paar Ästen auf. Nach einer Weile hatte ich mich wieder erholt, nahm mir Modestine zur nackten Brust und zupfte auf ihr eines meiner Instrumentals mit dem passenden Titel Horizonte. Deren waren hier in alle Himmelsrichtungen in Fülle zu sehen. Eine Blaumeise stimmte mit ihrem »Zizibe« freudig mit ein. Vielleicht erreichten die Klänge sogar

Marion und Bertram, denen, noch etliche Höhenmeter tiefer, sicherlich auch die Schweißperlen über die Wangen liefen. Ich wünschte ihnen viel Kraft und gutes Durchhaltevermögen.

»Modestine und ich - es war unser letztes gemeinsames Mahl - nahmen auf dem Gipfel des Mont Saint-Pierre einen Imbiss zu uns; ich auf einem Steinhaufen, sie neben mir im Mondlicht stehend und schicklich Brot aus meiner Hand fressend. Die arme Kreatur fraß lieber so, denn sie hatte eine Zuneigung zu mir gefasst, die ich bald verraten sollte. (Stevenson)

Ich überquerte die Corniche des Cévennes, eine alte Kammstraße, die Saint-Jean-du-Gard mit Florac verbindet, um mit neuen Kräften und getrockneter Kleidung den Abstieg ins Tal des Gardon de Saint-Jean zu beginnen. Die Sonne hatte ihren höchsten Stand bereits überschritten. Das Röcheln aus dem Schlauch meines Trinkbeutels signalisierte mir nichts Erfreuliches. Eine kniegelenkfeindliche Abwärtswanderung brachte mich schließlich nach Pied-de-Côte, einem kleinen Weiler in der Talsohle. Mit ausgetrockneter Kehle marschierte ich danach noch gut drei Kilometer entlang der Landstraße und dem wild rauschenden Fluss Gardon, bis ich endlich Saint-Jean-du-Gard erreichte.

Ich säumte mich nicht lange in dem Städtchen, in dem Stevenson damals seine Modestine samt Sattel für 35 Francs verkaufte. Die Arme hatte sich beim Überqueren des Col de Saint-Pierre verletzt und wurde für reiseuntauglich erklärt. In der Nähe des Brunnes, der an Stevenson erinnert, ruhte meine Eselin hingegen jetzt kerngesund und unverkäuflich neben mir auf einer Bank. Ich belohnte mich, sozusagen für die Strapazen des Tages, mit einer riesengroßen Portion Eiscreme.

Stevenson wählte von Saint-Jean-du-Gard die Postkutsche, um nach Alès zu gelangen. Ich weiterhin Schusters Rappen. Es galt noch eine Hügelkette zu überwinden, um wieder in das Tal des Gardon de Mialet zu gelangen. Über die Pont des Camisards gelangte ich schließlich in das traditionsreiche Dorf Mialet, das im Glaubenskrieg so hart umkämpft war und heute noch geprägt ist von seiner Geschichte wie kaum ein anderes Dorf in den Cevennen.

Meine Unterkunft, die selbstverständlich nach der historischen Bogenbrücke benannt war, fand ich direkt am Ortseingang. François, mein Gastgeber servierte mir am Abend das erste vegetarische Menu auf dieser Tour. Als *Entrée* gab es zum Beispiel eine bunte Schüssel, voll mit diversen Salaten, Gemüsen und Kräutern. Alles aus seinem Gemüsegarten, wie er mir versicherte, der in idealer Hanglage bis zu den Ufern des Gardon reichte. Die Schüssel war liebevoll fächerartig garniert mit schwarzen Tomaten, die, wie ich mich später überzeugen konnte, tatsächlich in seinem Garten Spalier standen. Und die *Quiche Loraine*, einfach ein Genuss. Dabei vergaß ich fast, den dunkelroten *Vin de Cévennes* zu kosten. Und zu guter Letzt, ich hatte es geahnt, kam ich um einen *Liqueur du Camisard* nicht herum.

Entrée

Le Puy-en-Velay

Le Monastier-sur-Gazeille

Le Bouchet-St-Nicolas

Pradelles

Chaudeyrac

Notre-Dame
des Neiges

La Bastide-PuyLaurent

13. Etappe

Le Bleymard

Le Pont-de-Montvert

Florac

Mijavols

Cassagnas

St-Étienne-Vallée-Française

Alès

Mialet

Letzter Tag

Von Mialet nach Alès

»Dem einen ist die breite Straße richtig, dem anderen ist es der schmale Weg. Der eine fährt bequem im Wagen und der andre geht, der Dritte klettert steil hinauf und steil hinab. Der eine ist sehr langsam und der andre schnell. Nur eines wäre falsch, den Weg des anderen statt des eigenen zu begehen«.
(Kurt Schwitters)

Hinauf auf den Col d'Uglas startete ich zeitig. Um meine Kräfte einzuteilen, wanderte ich in einem gemäßigten Schritttempo. Denn der Weg soll über einen Kamm mit einigen Schwierigkeitsstufen führen, nach Alès meinem letzten Etappenziel. Etwa einen Kilometer lief ich entlang des Gardon de Mialet, bevor es aufwärts ging. Ich genoss noch einmal sein wildes, aber dennoch beruhigendes Rauschen und die Felder voller Düfte, die ihn säumten. Während des Aufstiegs blieb ich öfters stehen, um mich umzudrehen, um zu ihm hinab zu blicken und um noch einmal die Höhenzüge, Bergrücken, Hügelketten, Kämme und den blauen Himmel darüber zu sehen und um noch einmal tief einzuatmen.

Mit dem Passieren des Col d'Uglas verließ ich eine faszinierende Naturlandschaft und eine Erlebniswelt, die meine natürlichen Sehnsüchte abseits von gebahnten Wegen geweckt und befriedigt hatten. Der Weg aber, der mich jetzt über den Kamm führte, wirkte abstoßend, ja sogar abweisend auf mich, so, als wolle er mich wieder zurückschicken.

Ich stützte mich auf meinen Stock, hielt inne und blickte auf Alès hinab – begleitet von ein paar Tränen.

Stevenson-Denkmal in Le Bouchet, aus Holz geschnitzt

Nachwort

Von der Wirklichkeit zur Unendlichkeit

Das Nachwort zu diesem Buch überlasse ich R. L. Stevenson, dem Poeten, der mich zu dieser Wanderung inspiriert hatte.

»Man lehnt sich aus dem Fenster, die letzte Pfeife raucht weiß in die Dunkelheit, der Körper von angenehmer Pein durchströmt, die Sinne im siebten Himmel der Zufriedenheit; wenn plötzlich die Stimmung umschlägt, der Wetterhahn sich dreht; und man sich noch eine Frage stellt: War man nun einen Moment lang der weiseste Philosoph oder der größte Esel? Menschliche Erfahrung vermag darauf noch nicht zu antworten; aber wenigstens hat man einen wunderbaren Moment erlebt und auf alle Königreiche der Erde herabgeblickt. Und ob es nun weise oder töricht war, die Wanderung des nächsten Tages führt einen mit Körper und Geist in eine andere Gemeinde der Unendlichkeit.« (Stevenson, Fußwanderungen)

Quellen & Literaturhinweise

Robert Louis Stevenson
Reise mit dem Esel durch die Cévennen
Editions La Colombe
www.colombe.de
Alle die mit Stevenson gekennzeichneten Absätze und Zitate entstammen diesem empfehlenswerten Buch. Es wurde von Christoph Lenhartz neu aus dem Englischen übertragen, mit Anmerkungen versehen und herausgegeben.

Christoph Lenhartz und Hans Walter Goll
Cévennen - für Freunde
Editions La Colombe
www.colombe.de
In diesem ebenso empfehlenswerten Reiseführer erfährt der interessierte Leser viele nützliche Information über das Land, die Menschen und die Geschichte der Cevennen. Viele ausführlich beschriebene Auto- und Wanderrouten laden zur Entdeckungsreise ein. Der mit den Autoren gekennzeichnete Abschnitt entstammt diesem Buch.

Alexander Knecht und Günter Stolzenberger
Herausgeber
Die Kunst des Wanderns
Ein literarisches Lesebuch
Deutscher Taschenbuch Verlag
Wenn nicht anders erwähnt, wurden folgende Schriftsteller aus diesem Buch zitiert: Hermann Hesse, Kurt Schwitters, Theodor Fontane,

Amsel Grün
Auf dem Wege
Vier-Türme-Verlag

Manuel Andrack
Das neue Wandern
Unterwegs auf der Suche nach dem Glück
Berliner Taschenbuch Verlag

Hermann Hesse
Wanderung
Bibliothek Suhrkamp

Thorsten Hoyer
www.in-alle-richtungen.de